Ferdinand Schmidt

An elementary German grammar and reading book

Ferdinand Schmidt

An elementary German grammar and reading book

ISBN/EAN: 9783742877475

Manufactured in Europe, USA, Canada, Australia, Japa

Cover: Foto ©Paul-Georg Meister /pixelio.de

Manufactured and distributed by brebook publishing software (www.brebook.com)

Ferdinand Schmidt

An elementary German grammar and reading book

AN ELEMENTARY GERMAN GRAMMAR AND READING BOOK.

BY

FERDINAND SCHMIDT, Ph. Dr.

WIESBADEN.
J. F. BERGMANN, Publisher.
LONDON: TRÜBNER & CO.
57, 59 LUDGATE HILL, E. C.
1884.

Printed by L. Schellenberg'sche Hof-Buchdruckerei at Wiesbaden.

PREFACE.

The author thinks that a language should not be learnt from a series of isolated sentences such as are found in the exercises of most grammars; for in these sentences the language does not appear in its living form, and the words employed are only retained with difficulty as in their disconnected shape they do not support one another.

In the author's opinion the method of learning a language from books must resemble the way in which we learn it in life; he has therefore collected short stories and added the necessary words, and grammatical observations by which the pupil is told what to look for in the grammar, and what exercises he is to do. This system, which the author has tried in the course of a long experience, has proved much more agreeable, and at the same time much shorter than the old one.

Suggestions may be made here as to the way in which the book should be used: First learn the German sounds and letters (§. 1, 2), and read §. 3, 4 and 5. Then learn the difference between the strong and weak conjugation (§. 15, I, 1) and the verbs in §. 17, 1, 2, 4 and 6. Then read the first story of the Reading Book, conjugating the whole of any verb occurring in the first five stories.

WIESBADEN, February 1884.

Ferdinand Schmidt.

CONTENTS.

FIRST CHAPTER.
Sounds and Letters of the German Language.

		Page
§. 1.	Sounds	1
§. 2.	German Alphabet	2
§. 3.	Sounds and Letters	5
§. 4.	Some rules for reading and writing German	7
§. 5.	Reading Exercise	9
§. 6.	Parts of Speech	10

SECOND CHAPTER.
Declension.

§. 7.	Declension of the Article	10
§. 8a.	Declension of Substantives	11
§. 8b.	Mixed Declension	17
§. 8c.	Substantives remaining uninflected	18
§. 8d.	Compound words	19
§. 9.	Substantives of foreign origin	19
§. 10.	Words with two meanings	20
§. 11.	Declension of Proper Names	21
§. 12.	Declension and Comparison of Adjectives	23
§. 13.	Pronouns	28
§. 14.	Numerals	35

Third Chapter.
Conjugation.

		Page
§. 15.	Tense, Number and Person, Mood and Voice	39
§. 16.	Present and Preterit of the strong conjugation	42
§. 17.	Examples of Conjugation	44
§. 18.	Passive	53
§. 19.	Modal auxiliaries	54
§. 20.	Compound verbs	55
§. 21.	Reflexive verbs	58
§. 22.	Impersonal verbs	60

Fourth Chapter.
Words without inflection.

§. 23.	Adverbs	61
§. 24.	Prepositions	65

Fifth Chapter.
Syntactical Remarks.

§. 25.	Nominative	68
§. 26.	Genitive	68
§. 27.	Dative	72
§. 28.	Accusative	73
§. 28a.	Verbs with Prepositions	76
§. 29.	Tense	77
§. 29a.	Person and Number	79
§. 30.	Mood	79
§. 31.	Voice	82
§. 32.	Infinitive	82
§. 33.	Participles	85
§. 34.	Conjunctions	86

Reading Book.

	Page
1. Der Rabe und der Fuchs	89
2. Der Fuchs	90
3. Das Mittagessen im Hofe	91
4. Das Haus	93
5. Der Wald	94
6. Die zwei Jäger und der Bär	95
7. Der Hund mit dem Fleische	97
8. Der Fuchs und die Weintrauben	97
9. Exercise on the prepositions	98
10. Der Mäuseturm	99
11. Rhein, Neckar und Main	100
12. Friedrich II. und sein Nachbar	101
13. Ein Gespräch	102
14. Der alte Fritz und die Schulbuben	103
15. Der alte General Ziethen	104
16. Das Tannenbäumchen	104
17. Einkehr	105
18. Frühling, Sommer, Herbst und Winter	106
19. Die Stadt- und die Feldmaus	108
20. Der Bauer und sein Nachbar	109
21. Der Frosch und die Maus	109
22. Die Uhr des preufsischen Grenadiers	110
23. Der Pilgrim	111
24. Rätsel	112
25. Der Esel mit der Löwenhaut	113
26. Der Streit um die Nufs	113
27. Deutsche Sprichwörter (German Proverbs)	114
28. Der Wolf und der Mensch	114
29. Der Löwe und der Fuchs	116
30. Das zerbrochene Hufeisen	116
31. Alexander und Diogenes	118
32. Das Hirtenbüblein (The Shepherd-Boy)	118

	Page
33. Seltsamer Spazierritt	119
34. Die sieben Stäbe	120
35. Die Hirtenflöte	121
36. Die Bremer Stadtmusikanten (The town-pipers of Bremen)	122
37. Hans im Glück (Hans in Luck)	128
38. Direct and indirect style	137
39. Vom Büblein, das überall mitgenommen hat sein wollen (The boy who wanted to be taken everywhere)	137
40. Der gute Kamerad	139
An alphabetical list of the strong verbs	140

ERRATA.

Page 26, 4, line 2, for as read like
» 36, 1, » 11, » to do » in doing
» 36, 3, » 3, » to » with
» 36, 4, » 1, » from » of
» 36, 4, » 2, » is » are
» 57, II, » 7, ⎫
» 58 foot-note, ⎬ » more » longer
» 60, 3, line 2, » on » in
» 78, 4, » 1, » is » are
» 80, line 6, 19, 21 for circumscription read circumlocution.

First Chapter.

Sounds and Letters of the German Language.

§. 1.

Sounds.

1. Vowels.

a. Simple vowels.

i — a — u.

Between i and a there is e, and between a and u there is o.

i — é*) — a — ó — u.

Between é and a there is the sound è (ä, modified a), and so is an open o between a and ó.

i — é — è (ä) — a — ò — ó — u.

Also i, a and u may be close or open. If we put our lips, as if we were to pronounce ó, and the tongue, as if é were to be pronounced, we get the sound ö (modified o), and if we put the lips, as if an u were to be pronounced, and the tongue, as if we would produce i, we get the sound ü (modified u).

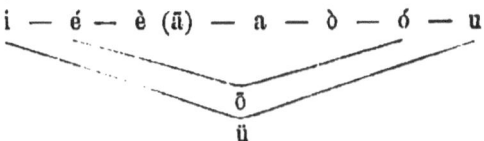

i — é — è (ä) — a — ò — ó — u
ö
ü

The sounds é, ò, ó, ö and ü are not in the English language.

b. Diphthongs.

$\widehat{ai}$ = a + i
$\widehat{au}$ = a + u
$\widehat{oi}$ = o + i

The English language has *similar* sounds.

---

*) ‛ marks a sound as close, ‚ as open.

2. Consonants

are produced either by an explosion of the air coming from the lungs, or by a friction which it undergoes in passing through the mouth.

Organs.	Explosion		Friction			
	surd.	sonant *).	surd.	sonant.	Semi-vowels.	Nasals.
1. Lips and teeth ..	p	b	f	w**)	—	m
2. Tongue and teeth	t	d	s, sch	s	r***),l	n
3. Tongue and palate	k	g¹	ch¹ ch² g² g³ h	j	—	ng

§. 2.
German Alphabet.

A. Printed.	Names.	Roman equivalents.	Printed.	Names.	Roman equivalents.
U, a	a	a, A.	N, n	en	n, N.
B, b	be	b, B.	O, o	o	o, O.
C, c	tse	c, C.	P, p	pe	p, P.
D, d	de	d, D.	Q, q	ku	q, Q.
E, e	e	e, E.	R, r	er	r, R.
F, f	ef	f, F.	S, f, ß	es	s, S.
G, g	ge	g, G.	T, t	te	t, T.
H, h	ha	h, H.	U, u	u	u, U.
I, i	i	i, I.	V, v	fau	v, V.
J, j	yot	j, J.	W, w	we	w, W.
K, k	ka	k, K.	X, x	iks	x, X.
L, l	el	l, L.	Y, y	ipsilon	y, Y.
M, m	em	m, M.	Z, z	tset	z, Z.

Look at the difference between B and V, f and f, n and u.

---

*) True sonants are only pronounced in northern Germany, in the middle and southern parts the pronunciation of the sonants is only a little softer than that of the surds.

**) The w is in middle and southern Germany not like the English v, as it is pronounced with *both* lips, whilst the English v is pronounced with the upper lips and the lower teeth.

***) To pronounce the German r the tongue must swing.

B. Written.

[handwritten German Kurrentschrift alphabet and sample words]

a b c d e f
g h i j k l
m n o p q r
s ß t u v w
x y z ch ß st

sein, haben, wir,
sein, weißen,
stechen unn,
unn, hoffen.

A B C D

E F G H I

J K L M

N O P Q R

S T U V

W X Y Z &

ein Raben hatten

ein Stück Kär-

se gestohlen.

1 2 3 4 5 6 7 8 9 0

§. 3.
Sounds and Letters.

Sound.	Sign.
i	i, y
ó	e, der See (lake), das Reh (roe), é is only found long.
è (ä)	ä, e, älter (older), die Eltern (parents), sich wehren (to defend one's self), währen (last); in these words the signs e and ä mark the same sound: è.
a	a
o	o
ŏ	ö
u	u
ŭ	ü, kühl (cool).
ai͡	ei, ai, das Ei (egg), der Hai (shark).
au͡	au
oi͡	eu, äu, das Feuer (fire), das Heu (hay), heute (to-day), die Häute (skins).
p	p, at the end of words a p is heard where the sonant is written. Das Grab (tomb), pron. grāp.
b	b, see the preceding remark,
t	t, dt » » » die Stadt (town)
d	d » » »
k	k, c before a, o, u in words of Latin origin; see kw.
	ck; ch, Christus pron. kristus, s. ks.
g¹ (= g in go)	g
f	f, v; ph in words of Greek origin: Philosophie pron. filosofi.
w	w; v in words of Latin origin: Villa pron. willa; see kw.
s *)	f, s (at the end of words, also in compounds) ff, ß.

---

*) 1. At the end of a syllable we always pronounce a hard s: das (that), der Haß (hatred), der Gruß (compliment), er reist (he travels), der Frost (frost).

2. At the beginning of a word before a vowel we pronounce a soft s: sehen, sagen. In northern Germany they pronounce in this case the sonant z.

3. If in a word two vowels are connected by the sound s it

Sound.	Sign.
sch	ſch; before p and t at the beginning of words the sign ſ stands for ſch, ex. der Stock*) (stick), pron. schtock. In this connection however the sound sch is a little softer.
ch¹ (Wache, watch)	ch; after a, o, u, au the sign ch always denotes the sound ch¹.
ch² (Eiche, oak)	ch; after i, e, ä, ei, ai, eu, äu and the consonants r, n, l the sign ch denotes the sound ch².
g² (sagen, say).	In some parts of Germany the sign g always denotes the sound of the English g in "go", in the middle of Germany it designates this sound only at the beginning of words; after a, o, u, au it marks a sound a little softer than that of ch¹, and in the same parts after i, e, ä, ai, ei, ö, ü, äu and the consonants r and l one pronounces the sound ch², ex.
g³ (zeigen, show).	
h	h
j **)	j
m	m
r	r
l	l
n	n
ng	ng, ſingen (sing). n, Anker (pron. angker).
ts	tz, z; c before i, e, ä, ö, eu in words of Latin origin: Cicero (pron. tsitsero).

is soft, after and before a hard consonant it is hard, after a soft one it is soft. Der Haſe (hare), die Erbſe***) (pea) pron. erpse, die Hirſe (millet).

*) In northern Germany, for inst. in Hanover, they pronounce ſt like in English. Compare "swim", "sleep" with ſchwimmen, ſchlafen. The same sound is pronounced before p and t, although it is not written.

**) The sound of j is that of the English y.

***) b at the end of a syllable marks the sound p, see §. 3.

Sound.	Sign.
ts	t in the ending tion, Nation (pron. natsion).
	z, Platz (place).
ks	x
	chs
	x, Hexe (pron. hekse), (witch).
	chs, Fuchs (pron. fuks), (fox).
	Dachs (pron. daks), (badger).
	gs, in the *only* word „flugs" (pron. fluks), very quickly, §. 23, 3a.
kw	qu, Quelle (pron. kwelle), (source).
kk	ck, see the separation of syllables in §. 4.

§. 4.
Some rules for reading and writing German.

1. Every letter indicates that the corresponding sound is to be produced (exc. h which is only heard at the beginning of a word or when connecting two vowels), s. 5.

2. The same letter is always used to mark the same sound.

3. The principal accent is in simple words of several syllables always on the root. Exception: lebéndig (alive) instead of lébendig as it was formerly. In compound words the principal accent is on the first part. Ex. Haustühre (door of the house).

4. Length and shortness of vowels.
> a. **Every radical vowel before a single consonant is long**: Rāt (advice), Hōf (yard, court). Exceptions: ăn, at; ĭn, in; mĭt, with; bĭn (ich bin = I am), măn, one; lĕbéndig, alive; vŏn, of, from.
> b. **Every vowel before two consonants is short.** Blatt, leaf; Ball, ball.
> c. The length of a vowel is **marked** in the following ways:
>> 1. The sign of the vowel is doubled: Haar, hair; Meer, sea; Boot, boat. a, e and o may be doubled, but if a and o are to be modified, we put **one** a and one o. Ex. der Saal (saloon) plur. die Säle.

2. an e is added to i: Wiefe (pron. wise).
3. an h is added to the vowel: fahren, drive; mehr, more.

Note 1. If in a syllable the length of which is to be marked by h, there is a t, the h is put behind the t. Ex. das Thal, valley; das Thor, gate; die Thräne, tear.

Note 2. In many words the h is not a sign of length but belongs to the root, being the remainder of a ch, or j, or w which are to be found either in ancient language or in dialects. Ex. blühen, blossom (ancient language and dialects, "blūejen"), ruhen (ancient language "ruowen").

5. In the unaccented syllables el, en, em and er the e is not pronounced. In the infinitive gében for inst. the last syllable sounds like the last syllable in "nation", and in „Apfel" it sounds like in "apple"; l, n, m and r may form syllables.

6. Capitals are used in German:
    a. at the beginning of sentences and lines of poetry;
    b. in all nouns;
    c. in the pronoun of the 3rd person when it is used for the 2nd, s. §. 13;
    d. in adjectives derived from names of persons and places. Ex. Kölnisch; adjectives derived from names of nations are written with small initials: englisch, deutsch, französisch;
    e. in letters in all the pronouns referring to the addressed person, exc. sich. §. 13.

7. If after a **short** vowel at the end of a word or before t the sign ß (estset) is found, it stands for ff: das Schloß, but des Schlosses (lock, castle). If a **short** vowel is to be connected with another vowel by the sharp s sound, the sign is always ff. If there is ß after a **long** vowel, it is always to be retained: der Fuß, des Fußes (foot).

(In Roman characters one sometimes finds ss instead of fs.)

8. *Separation of syllables.*
    I. Words are divided in German as they are divided in speaking.
        1. A consonant between two vowels belongs to the following syllable: Ra—be, Kä—se.

2. If there are two or more consonants, only the last goes to the following syllable: Ham—mer, Stük—ke (k is changed into kk.) ch, sch, ph, th, bt are considered as simple consonants, and so is pf after r and m. Wa—che (watch), Fi—sche, Philoso—phen, käm—pfen (combat), Kar—pfen (carp). The sign ng for the *nasal* is divided: lan—ge, Lun—ge.

II. Compound words are divided into their single parts: hin—aus, her—ein.

8. *Punctuation.*
  1. If in a sentence there are several subjects, predicates, objects or adverbial expressions, they are divided by a comma, unless they are connected by und (and) or oder (or): die Eiche, die Buche, die Birke und die Tanne sind Bäume des Waldes.
  2. Several *principal* sentences are divided from one another by a comma, or if they are longer, by a semicolon: der Esel schrie, der Hund bellte, der Hahn krähte. R. B. 36, 5.

  Subordinate sentences are divided from the principal ones by a comma. Die Uhr zeigt mir, daß ich zu jeder Stunde bereit sein muß, für Ew. Majestät zu sterben. R. B. 22.

  3. An apposition is enclosed in commas, as it is an incomplete subordinate sentence.
  Friedrich, König von Preußen, war gern in Sanssouci (welcher König von Preußen war).

  Note. If there are several attributes, they are also separated by a comma, unless one is in closer connection with the substantive. Ex. ein freundlicher alter Mann (alter Mann = Greis). Der Räuber sah die glühenden, feurigen Augen der Katze. R. B. 36, 7.

§. 5.

Reading Exercise.

Ein Rabe hatte ein Stück (scht) Käse gestohlen (scht). Er flog (g^1 g^2) damit auf eine Eiche (ch^2), um es zu verzehren. Ein Fuchs (ks) sah den Raben. Er kam herbei und sagte (g¹ g²): „O Rabe, du bist der schönste Vogel (g¹ g²), dein Gefieder ist glänzend schwarz. Wenn du auch (ch¹) eine schöne Stimme (scht) hättest, würde man dich (ch²) zum König (g¹ g³) der Vögel (g¹ g³) wählen. Der Rabe freute sich (ch²) darüber und wollte seine Stimme (scht) hören lassen. Er öffnete den Schnabel, der Käse fiel hinunter, und der Fuchs fraß ihn auf.

§. 6.
Parts of Speech.

I. Inflected.	II. Uninflected.
1. Article.	7. Adverb.
2. Substantive.	8. Preposition.
3. Pronoun.	9. Conjunction.
4. Adjective.	10. Interjection.
5. Numeral.	
6. Verb.	

SECOND CHAPTER.

Declension.

§. 7.
Declension of the Article.

The German Language has three genders: masculine, feminine and neuter. The gender is shown by the article. Declension shows number and case.

I. Definite Article.
Singular.

	m.	f.	n.
N.	der	die	das
G.	des	der	des
D.	dem	der	dem
A.	den	die	das

Plural.
m.   f.   n.
N.   die
G.   der
D.   den
A.   die

Singular.
1. The masculine has **four** different forms.
2. In the feminine: nominative = accusative,
     genitive = dative.
3. In the neuter: nominative = accusative.
4. Genitive and dative of masculine and neuter are alike.

Plural.
1. There is **one** form for the 3 genders.
2. Nominative = accusative.

II. Indefinite Article.

	m.	f.	n.
N.	ein	eine	ein
G.	eines	einer	eines
D.	einem	einer	einem
A.	einen	eine	ein

1. The indefinite article is a numeral. §. 14, a.
2. The masculine and neuter have no ending in the nominative, they are alike in the genitive and dative.
3. In the feminine: genitive = dative,
     nominative = accusative.
4. In the neuter: nominative = accusative.

§. 8 a.

Declension of Substantives.

I. Formation of the plural.

A. Masculine and neuter words.

a. Monosyllabic **masculines.**

Singular.	Plural.
der Fuchs, fox	die Füchse
der Stock, stick	die Stöcke
der Stuhl, chair	die Stühle
der Berg, mountain	die Berge
der Mann, man	die Männer
der Geist, spirit	die Geister

b. Monosyllabic **neuters**.

Singular.	Plural.
das Haus, house	die Häuser
das Dach, roof	die Dächer
das Dorf, village	die Dörfer
das Land, country	die Länder
das Band, ribbon	die Bänder
das Boot, boat	die Boote
das Jahr, year	die Jahre
das Tier, animal	die Tiere

Monosyllabic masculine and neuter words take in the plural either e or er, most masculines take e, most neuters er. (Neuters ending in r take e: das Jahr, year, die Jahre; das Thor, gate, die Thore; das Haar, hair, die Haare.) Most masculines modify their radical vowel, and so do the neuters which take er. Of the neuters which take e, only one modifies: das Floß (raft), die Flöße.

α. Polysyllabic **masculines**.

Singular.	Plural.
der Verlúst, loss	die Verluste
der Berícht, report	die Berichte
der Verein, union	die Vereine
der Váter, father	die Väter
der Nágel, nail	die Nägel
der Háfen, haven	die Häfen
der Rabe, raven	die Raben
der Löwe, lion	die Löwen

β. Polysyllabic **neuters**.

Singular.	Plural.
das Gesicht, face, vision	die Gesichter, die Gesichte (§. 10, 6.)
das Geschäft, business	die Geschäfte
das Rätsel, riddle	die Rätsel
das Fenster, window	die Fenster
das Zimmer, room	die Zimmer

The words: Verlúst, Berícht, Verein, Gesicht, Geschäft end with the **principal** accent; the words: Vater, Nagel, Hafen, Fenster, Zimmer, Rätsel end with the **secondary** accent.

Polysyllabic masculine and neuter words ending with the **principal** accent are treated like the monosyllabic, and those ending with the **secondary** accent take no ending in the plural.

Note 1. Masculines ending in e take n (exc. der Käse, die Käse):

Singular.	Plural.
der Löwe	die Löwen
der Rabe	die Raben

Some words have dropped an e, but they form their plural as if still having it:

Singular.	Plural.
der Bär, bear	die Bären
der Herr, gentleman	die Herren
der Fürst, prince	die Fürsten
der Graf, count	die Grafen
der Thor, fool	die Thoren (§. 10, 11.)

Note 2. Words ending in ig, ling, niß and sal are treated as if ending with the principal accent:

Singular.	Plural.
der König, king	die Könige
der Käfig, cage	die Käfige
der Jüngling, youth	die Jünglinge
der Zögling, pupil	die Zöglinge
der Liebling, darling	die Lieblinge
das Begräbniß, burial	die Begräbnisse
das Gefängniß, prison	die Gefängnisse
das Labsal, refreshment	die Labsale
das Schicksal, fate, event	die Schicksale

B. Feminine words.

a. **Monosyllabic** feminine words.

Singular.	Plural.
die Hand, hand	die Hände
die Wand, wall	die Wände
die Frucht, fruit	die Früchte
die Luft, air	die Lüfte
die Stadt, town	die Städte

b. **Polysyllabic** feminine words.

Singular.	Plural.
die Blume, flower	die Blumen
die Lampe, lamp	die Lampen
die Straße, street	die Straßen
die Treppe, stairs	die Treppen
die Thüre, door	die Thüren

Monosyllabic feminine words take in the plural e, modifying their vowel.

Polysyllabic feminine words take n or en.

Note 1. The words Mutter, mother, and Tochter, daughter, only modify their vowel in the plural: die Mütter, die Töchter.

Note 2. Some monosyllabic feminines are treated like the polysyllabic: die Frau (woman, wife), die Burg (castle), die That (deed), die Art (sort, kind), die Post (post). These therefore take en: die Frauen, die Burgen, die Thaten u. s. w. Some of these words were formerly polysyllabic.

Note 3. Polysyllabic words ending in niß and sal are treated like the monosyllabic: die Betrübniß (sorrow), die Betrübnisse, die Drangsal (vexation), die Drangsale.

II. Formation of the cases.

Singular.

A. Masculine and neuter words.

1. **Monosyllabic** masculine and neuter words.

N. der Fuchs	das Haus
G. des Fuchses	des Hauses
D. dem Fuchse	dem Hause
A. den Fuchs	das Haus

2. **Polysyllabic** masculine and neuter words.

a. Principal accent.

N. der Verlúst	das Gesícht
G. des Verlústes	des Gesíchtes
D. dem Verlúste	dem Gesíchte
A. den Verlúst	das Gesícht

b. Secondary accent.

N. der Váter	das Fénster
G. des Váters	des Fénsters
D. dem Váter	dem Fénster
A. den Váter	das Fénster

Monosyllabic masculine and neuter words mark the genitive by es, the dative by e; the e of these endings is nearly always dropped in common conversation. The e of the dative is always dropped when a preposition stands before the substantive without the article: mit Fleiß, on purpose, von Gold, of gold.

Polysyllabic masculine and neuter words ending with the *principal* accent mark the genitive and dative in the same way as the monosyllabic.

Polysyllabic masculine and neuter words ending with the *secondary* accent only mark the genitive by ß.

B. Feminine words.

N.	die Hand	die Blume
G.	der Hand	der Blume
D.	der Hand	der Blume
A.	die Hand	die Blume

Feminine words do not mark any case in the singular.

Plural.

N.	die Füchse	die Hände	die Häuser
G.	der Füchse	der Hände	der Häuser
D.	den Füchsen	den Händen	den Häusern
A.	die Füchse	die Hände	die Häuser

All German words mark *one* case in the plural, viz. the dative by en or n.

Note. Masculine words ending in e and those which have dropped an e, take n or en in all cases in singular and plural.

Sing.	N.	der Rabe	Sing.	N.	der Bär
	G.	des Raben		G.	des Bären
	D.	dem Raben		D.	dem Bären
	A.	den Raben		A.	den Bären
Plur.	N.	die Raben	Plur.	N.	die Bären
	G.	der Raben		G.	der Bären
	D.	den Raben		D.	den Bären
	A.	die Raben		A.	die Bären

Strong and weak declension.

The termination s in the genitive singular and e and er in the plural constitute the strong declension, the ending en belongs to the weak declension.

Der Fuchs, die Wand, das Boot follow the strong declension; der Rabe, der Löwe and the plural of the polysyllabic feminines follow the weak declension.

Examples of the declension of substantives.

I. Masculines.

Singular.	N.	der Fuchs	der Mann	der Verlust	der Vogel
	G.	des Fuchses	des Mannes	des Verlustes	des Vogels
	D.	dem Fuchse	dem Manne	dem Verluste	dem Vogel
	A.	den Fuchs	den Mann	den Verlust	den Vogel
Plural.	N.	die Füchse	die Männer	die Verluste	die Vögel
	G.	der Füchse	der Männer	der Verluste	der Vögel
	D.	den Füchsen	den Männern	den Verlusten	den Vögeln
	A.	die Füchse	die Männer	die Verluste	die Vögel

Singular.	N.	der Garten	der König	der Rabe
	G.	des Gartens	des Königs	des Raben
	D.	dem Garten	dem Könige	dem Raben
	A.	den Garten	den König	den Raben
Plural.	N.	die Gärten	die Könige	die Raben
	G.	der Gärten	der Könige	der Raben
	D.	den Gärten	den Königen	den Raben
	A.	die Gärten	die Könige	die Raben

II. Feminines.

Singular.	N.	die Gans	die Ente
	G.	der Gans	der Ente
	D.	der Gans	der Ente
	A.	die Gans	die Ente
Plural.	N.	die Gänse	die Enten
	G.	der Gänse	der Enten
	D.	den Gänsen	den Enten
	A.	die Gänse	die Enten

III. Neuters.

Singular.	N.	das Haus	das Boot	das Geschenk	das Fenster
	G.	des Hauses	des Bootes	des Geschenkes	des Fensters
	D.	dem Hause	dem Boote	dem Geschenke	dem Fenster
	A.	das Haus	das Boot	das Geschenk	das Fenster
Plural.	N.	die Häuser	die Boote	die Geschenke	die Fenster
	G.	der Häuser	der Boote	der Geschenke	der Fenster
	D.	den Häusern	den Booten	den Geschenken	den Fenstern
	A.	die Häuser	die Boote	die Geschenke	die Fenster

1. **Masculines** which take in the plural er:

der Gott, god (ö)
der Geist, spirit
der Leib, body
der Mann, man (ä)
der Ort, place (ö)
der Rand, edge (ä)

der Vormund, guardian (ü) (the word Mund, mouth, has no plural)
der Wald, forest (ä)
der Wurm, worm (ü)
der Bösewicht, villain

2. **Masculines** which have dropped an e (take in all cases en):

der Bär, bear
der Christ, christian
der Fürst, prince
der Gesell, companion (Geselle is still in use)
der Graf, count, earl
der Herr, master, gentleman

der Held, hero
der Hirt, herdsman (Hirte is still used)
der Mohr, moor
der Narr, fool
der Ochs, ox (Ochse)
der Vorfahr, ancestor

3. **Monosyllabic feminines** taking in the plural en:

die Art, kind
die Bahn, path, die Eisenbahn, liter. iron path, railway
die Brut, brood
die Bucht, bay
die Burg, castle
die Fahrt, conveyance
die Flur, fields
die Flut, flood
die Form, form
die Fracht, freight
die Frau, woman
die Last, burden
die Pflicht, duty
die Post, post
die Qual, torment

die Schar, crowd
die Schlacht, battle
die Schrift, writing
die Schuld, debt
die Spur, trace
die That, deed
die Tracht, mode of dress
die Trift, pasture
die Uhr, watch
die Wahl, choice
die Welt, world
die Zahl, number
die Zeit, time

§. 8 b.

Mixed Declension.

1. Most words follow the same declension in singular and plural, but there are some which are strong in the singular and weak in the plural, ex.:

der Bauer, peasant	des Bauers	die Bauern
der Nachbar, neighbour	des Nachbars	die Nachbarn
der Staat, state	des Staates	die Staaten
der Schmerz, pain	. . . .	die Schmerzen
der See, lake	. . . .	die Seeen
der Sporn, spur	. . . .	die Spornen or Sporen
der Stachel, sting	. . . .	die Stacheln
der Muskel, muscle	. . . .	die Muskeln
das Auge, eye	. . . .	die Augen
das Ohr, ear	. . . .	die Ohren
das Bett, bed	. . . .	die Betten
das Hemd, shirt	. . . .	die Hemden
das Ende, end	. . . .	die Enden

2. Sing. N. der Funke, spark
      G. des Funkens
      D. dem Funken
      A. den Funken
Plur. N. die Funken u. s. w. (und so weiter, and so on)

This word was formerly declined like der Rabe, but the form (des) Funken was afterwards taken as nominative and declined like der Garten, der Hafen. In the nominative one therefore finds also: der Funken.

The following words are declined in the same manner:
    der Name, name   der Wille, will
    der Glaube, faith   der Fels, Felsen, rock
    der Haufe, heap   der Same, seed
    der Gedanke, thought   der Buchstabe, letter of
    der Friede, peace   the alphabet

3. Irregularity.
    Sing. das Herz, heart   Plur. die Herzen
          des Herzens
          dem Herzen
          das Herz

§. 8 c.

1. *All words of the masculine and neuter gender, indicating weight or measure, remain uninflected.*
    zwei Pfund Fleisch, two pounds of meat
    drei Buch Papier, three quires of paper
    zwei Paar Handschuhe, two pair of gloves

Dieſer Turm iſt 300 **Fuß** hoch, this steeple is 300 feet high.

Dieſes Kind iſt 5 **Jahr***) (Monat) alt, this child is 5 years (months) old.

2. *Feminine words* of this kind are inflected, ex. 2 Ellen Tuch, two yards of cloth.

3. The word „Mann" remains uninflected in speaking of soldiers and institutions of a military character. Ex.: Eine Armee von 50 000 Mann belagerte die Stadt, an army of 50 000 men besieged the town.

§. 8 d.

a. In *compound* words the last part is the principal one from which the whole derives its gender: die Hausthüre (das Haus, die Thüre). Only the last part is declined after the general rules.

b. Instead of the plural of „Mann" one uses in compounds the plural „Leute", people: der Zimmermann, carpenter, die Zimmerleute, der Kaufmann, merchant, die Kaufleute, der Hauptmann, captain in the army, die Hauptleute. But: der Dienstmann, carrier, die Dienstmänner.

§. 9.

Substantives of foreign origin.

Most substantives of foreign origin are declined like German words.

1. Strong declension.

Words ending in al, aſt, an, r: der Palaſt, die Paläſte; der Schakal, die Schakale; der Kaplan, die Kapläne; der Offizier, die Offiziere.

2. Weak declension.

Words with other endings than those mentioned in 1: der Philoſoph, des Philoſophen; der Präſident, des Präſidenten; der Soldat, soldier, die Soldaten; der Photograph, die Photographen; der Telegraph, die Telegraphen.

---

*) Words, indicating time, are often inflected.

3. Mixed declension.

Words in "or", taken from the Latin, with the accent on the last syllable but one, are strong in the singular and weak in the plural.

   der Dóktor   die Doktóren
   des Doktors
   der Proféssor   die Professóren
   des Professors

4. Irregularities.

1. das Kapitál   die Kapitalien
2. das Minerál   die Mineralien
3. das Individuum   die Individuen
4. das Gymnasium   die Gymnasien, college
5. das Museum   die Museen

5. Some Latin words retain the Latin formation of the plural.

   das Tempus, tense   die Tempora
   des Tempus
   das Faktum   die Fakta
   des Faktums

     6. Jesus Christus
       Jesu Christi
       Jesu Christo
       Jesum Christum

§. 10.

Some words with two meanings, distinguished by the gender and different formation of the plural.

1. der Band, volume, die Bände
   das Band, ribbon, die Bänder
   das Band, die Bande, irons and ties (of friendship)
   (die Bande, band, die Banden)
2. die Bank, form, die Bänke
   die Bank, bank, die Banken
3. der Bauer, peasant, die Bauern
   der } Bauer, bird's cage, die Bauer
   das }
4. das Ding, thing, die Dinge
   das Ding, die Dinger, little things, in funny or contemptuous expressions

5. der Erbe, heir, die Erben
des Erben
das Erbe, } heritage, die Erbteile*)
des Erbes,
6. das Gesicht, face, die Gesichter
das Gesicht, die Gesichte, visions
7. das Licht, light, die Lichter
das Licht, die Lichte, candles
8. der See, lake, die Seeen
die See, sea, die Meere
9. der Schild, shield, die Schilbe
das Schild, sign-board, die Schilber
10. der Stift, pencil, die Stifte
das Stift, charitable foundation, die Stifter
11. das Thor, gate, die Thore
der Thor, } fool, die Thoren
des Thoren,
12. das Tuch, handkerchief, die Tücher
das Tuch, die Tuche, different kinds of cloth
13. das Wort, word, die Wörter, mots
das Wort, die Worte, paroles
14. der Zoll, inch, §. 8 c.
der Zoll, die Zölle, duty on merchandise

§. 11.
Declension of Proper Names.
I. Names of Persons.

1. Friedrich
Friedrichs
2. Schiller
Schillers
3. Bertha
Berthas
4. Friedrich Schiller
Friedrich Schillers

5a. König Friedrich
König Friedrichs
5b. Herr Müller
Herrn Müllers u. s. w.
6. der König Friedrich
des Königs Friedrich
7. Fritz
Fritzens, des Fritz

---

*) To some words one must add another word to form a plural: das Lob, praise, die Lobeserhebungen; der Rat, advice, die Ratschläge; das Unglück, misfortune, die Unglücksfälle; der Rat, counsellor, forms Räte.

8. Mathilde, Emilie
Mathildens, der Mathilde
9. Friedrich II., König von Preußen
Friedrich der Zweite, König von Preußen
Friedrichs des Zweiten, Königs von Preußen
Friedrich dem Zweiten, Könige von Preußen
Friedrich den Zweiten, König von Preußen

1. Names of persons only mark the genitive by s, ex. 1, 2, 3.
2. a. If two or more names are joined, the inflection is made at the last, ex. 4.
   b. A preceding title without the article is considered as a name and not declined, exc. Herr, which is declined, ex. 5 a and b.
   c. If the title has the article, it is inflected, but the name remains unaltered, ex. 6.
3. Names of persons, ending in the sound s (s, ß, z, tz), and those ending in an unaccented e sometimes take ens, but this may be avoided by the use of the article, ex. 7 and 8.
4. Latin and Greek names form the genitive in the same way, those ending in s take the article or an apostrophe. Cicero, Ciceros; Demosthenes' Reden (speeches), die Reden des Demosthenes.

II. Names of Countries and Places.

a. 1. Deutschland   2. Berlin   3. Koblenz
    Deutschlands   Berlins   von Koblenz

Proper names of countries and places form the genitive like proper names of persons, ex. 1, 2; if ending in s, they take the preposition von, ex. 3.

Instead of the genitives of these names mostly prepositions or adjectives are used:

der Kölner*) Dom, the cathedral of Cologne
or der Dom zu (in) Köln.

b. 1. die Schweiz   2. der Rhein   3. die Elbe

Geographical names with the article are declined according to the general rules on declension.

---

*) Der Kölner means "inhabitant of Cologne", and „der Kölner Dom" means properly "the cathedral of the inhabitants of Cologne", therefore in „der Kölner Dom" Kölner is gen. plur., but it is taken as adjective.

§. 12.
Declension and Comparison of the Adjective.

I. Declension.
Singular.

1. N. grüner Baum, green tree   weiße Lilie, white lily
G. grünes Baumes   weißer Lilie
D. grünem Baume   weißer Lilie
A. grünen Baum   weiße Lilie

Plural.
N. grüne Bäume   weiße Lilien
G. grüner Bäume   weißer Lilien
D. grünen Bäumen   weißen Lilien
A. grüne Bäume   weiße Lilien

Singular. N. prächtiges Schloß, magnificent castle
G. prächtiges*) Schlosses
D. prächtigem Schlosse
A. prächtiges Schloß

Plural. N. prächtige Schlösser
G. prächtiger Schlösser
D. prächtigen Schlössern
A. prächtige Schlösser

Singular.
2. N. der grüne Baum   die weiße Lilie   das prächtige Schloß
G. des grünen Baumes   der weißen Lilie   des prächtigen Schlosses
D. dem grünen Baume   der weißen Lilie   dem prächtigen Schlosse
A. den grünen Baum   die weiße Lilie   das prächtige Schloß

Plural.
N. die grünen Bäume   die weißen Lilien   die prächtigen Schlösser
G. der grünen Bäume   der weißen Lilien   der prächtigen Schlösser
D. den grünen Bäumen   den weißen Lilien   den prächtigen Schlössern
A. die grünen Bäume   die weißen Lilien   die prächtigen Schlösser

Singular.
3. N. ein grüner Baum   eine weiße Lilie   ein prächtiges Schloß
G. eines grünen Baumes   einer weißen Lilie   eines prächtigen Schlosses
D. einem grünen Baume   einer weißen Lilie   einem prächtigen Schlosse
A. einen grünen Baum   eine weiße Lilie   ein prächtiges Schloß

---

*) In the genitive one generally uses the weak form grünen Baumes, prächtigen Schlosses; the right form is retained in some expressions: sei gutes Mutes, be of good humour; er ging gerades Weges nach Hause, he went straightways home.

1. *Strong form of Adjectives.*

Adjectival words, added to a substantive or referring to one, must show the gender of the substantive, if the gender is not shown by the article or a pronominal adjective. The endings of the adjective then are those of the article (instead of ie the adjective has e and instead of aš — eš).

Note 1. The adjectives ganʒ and halb before names of countries and places are invariable when used *without* the article or a pronominal adjective:

ganʒ Deutſchland ſtand unter den Waffen,
all Germany was under arms,

but: das ganʒe Deutſchland; ganʒ London, das ganʒe London.

2. *Weak form.*

Adjectival words take the *weak* form, if the article or a pronominal word precedes in the *strong* form.

Note 1. After einige ⎫
 etliche ⎬ several,
 mehrere ⎪ some
 manche ⎭

viele, many, wenige, few, the strong or the weak form may be used, after alle "all" and keine "no" the weak form is more used than the strong.

Note 2. The pronouns dieſer, this, jener, that, and the possessive adjectives §. 13, II are always strong.

Trotz aller ſeiner Bemühungen hat er die Stelle nicht erhalten.
In spite of all his endeavours he has not got the place.

3. The indefinite article and the possessive adjectives §. 13, II do not take a termination in the nominative singular of the masculine and neuter, here therefore the adjective must take the termination to show the gender.

4. Any adjective may be used as substantive with the article or any other determining word, ex. der Reiche, the rich man, das Ganʒe, the whole; then it follows the rules given above.

der Reiche des Reichen
ein Reicher eines Reichen
ein Ganʒes das Ganʒe
eines Ganʒen des Ganʒen

5. When the adjective is used predicatively, the root is put. Poets also use the attributive adjective without an ending, and the same is done with some adjectives in some current expressions: bar Geld, ready money; auf gut Glück, at a venture; Kölniſch Waſſer, eau de Cologne; bairiſch Bier,

Bavarian beer. The adjective hoch takes h instead of ch, when it is inflected.

II. Comparison of Adjectives.

1. Regular comparison.

Positive.	Comparative.	Superlative.
groß	größer	größt (contracted out of größeſt)
arm	ärmer	ärmſt
ſchön	ſchöner	ſchönſt

In other adjectives ending with the *s* sound the e of the superlative must be retained.

Ex.:	kurz	kürzer	kürzeſt
	ſchwarz	ſchwärzer	ſchwärzeſt
	weiß	weißer	weißeſt

In common conversation these are contracted. Ex. der kürzte Tag, the shortest day.

1. The comparative is formed by adding er to the root.
2. The vowel of the positive is often modified.

Ex.: groß größer größt
arm ärmer ärmſt

blaß, pale
geſund, healthy, wholesome
glatt, smooth   } do not modify.
klar, clear
naß, wet
ſchmal, small, narrow

3. The comp. and superl. are declined like the positive.
   1. ſchönerer ſchönere ſchöneres
   2. der ſchönere die ſchönere das ſchönere
   3. ein ſchönerer eine ſchönere ein ſchöneres
4. hoch höher höchſt, see I, 5.
   nahe näher nächſt

2. Irregular Comparison.

gut beſſer beſt
viel(*), much mehr meiſt

---

*) As most of the ordinal numbers have the form of a superlative, one has formed an interrogative der wievielſte or wievielte, which of the number.

Ex.: Den wievielten haben wir heute?
What day of the month have we to-day?

3. **Incomplete Comparison.**

a. The positive is wanting.

wenig, little   minder   mindeſt

b. An adverb takes the place of the positive.

innen, inside	inner	innerſt
oben, above	ober	oberſt
unten, below	unter	unterſt
vorn, in front	vorder	vorderſt
mitten, in the middle	mittler	mittelſt
hinten, behind	hinter	hinterſt

c. Positive and comparative are adverbs.

(ehe, ere   eher, sooner)   erſt, first

d. Positive and comparative are wanting (at least in High German).

—   —   letzt, last.

The comparatives under b are not true comparatives, having no comparative meaning, therefore als = "than" can never follow; the superlatives are true superlatives.

From erſt and letzt one forms the comparatives erſter and letzter, "former" and "latter".

Note 1. The present and past participles are adjectives and compared like these.

reizend, charming	reizender	reizendſt
gebildet, educated	gebildeter	gebildetſt

Note 2. To strengthen the superlative the genitive plural of the indefinite numeral alle, "all" is often added: allerbeſt, allerhöchſt.

4. **Double form of the superlative.**

The superlative is not used as predicate in its uninflected form as the positive and comparative, but it is either accompanied by the article, or an adverbial expression is formed in the following way. The neuter singular of the superlative, for inst. das kürzeſte (kurz, short), is joined with the preposition „an", which governs the dative, if the question is "where" (ubi). The preposition is contracted with the article into am, am kürzeſten.

Die Tage ſind im Sommer am längſten, im Winter am kürzeſten.

The days are longest in summer and shortest in winter.

5. If two qualities of the same object are to be compared, the adverb mehr "more" must be used.

Ex.: Dieser Schüler ist mehr fleißig als talentvoll.
This pupil is more diligent than talented.

III. Comparison of Adverbs.

1. Any adjective in its original form may be used as an adverb. There is no difference in the comparison.

2. *Original* adverbs admit of no comparison.

Exc.: oft   öfter   am öftesten
       gern   **lieber**   **am liebsten**

The adverb gern takes the comparative and superlative from lieb.

3. The superlative of the adverb occurs in different forms.

1. The root:

Er war höchst überrascht.
He was highly surprised.
Das Schloß ist längst zerstört (jüngst lately).
The castle has been long destroyed.

2. With the adverbial ending ens:

Ich grüße Sie bestens.
I send you my best compliments.
Dieser Turm ist mindestens 200 Fuß hoch.
This steeple is at least 200 feet high.

3. The neuter of the superlative is joined with the preposition auf, governing the accusative, if the question is "wither?"; auf das = aufs:

Wir unterhielten uns aufs beste.
We enjoyed ourselves very much.
Er empfing uns aufs freundlichste.
He received us in the most friendly manner.

4. Adverbial expression with an II, 4:

Der Adler fliegt am höchsten.
The eagle flies highest.
Dieser Knabe schreibt am besten.
This boy writes best.

The forms 1, 2, 3 are superlatives of *eminence*, marking a very high degree, but 4 is the superlative of *comparison*.

§. 13.

Pronouns.

I. Substantival pronouns.

a. Personal pronouns.

1st Person.	2nd Person.
Sing. N. ich	Sing. N. du
G. meiner (mein)*)	G. deiner (dein)
D. mir	D. dir
A. mich	A. dich
Plur. N. wir	Plur. N. ihr
G. unser	G. euer
D. uns	D. euch
A. uns	A. euch

3rd Person.

Sing. N.	er	sie	es
G.	seiner (sein)	ihrer (ihr)	seiner (sein)
D.	ihm } sich	ihr } sich	ihm } sich
A.	ihn }	sie }	es }
Plur. N.		sie	
G.		ihrer	
D.		ihnen } sich	
A.		sie }	

Note 1. If the gen. sing. and the gen. plur. of the 3 persons is joined with the prepositions wegen, halben or willen, a euphonical **et** or **t** is added: meinetwegen, on my account, deinetwegen, seinetwegen, ihretwegen (sing. and plur.), unsertwegen, euertwegen; meinethalben, for my sake, um meinetwillen, for my sake.

Note 2. The oldest and most natural way of addressing a person was that with „du", plur. „ihr". This is still in use among near relations and intimate friends; teachers thus address their pupils and masters their apprentices. In all other cases one addresses a person with „Sie", which is the pronoun of the 3rd person plur. and written with a capital when used for the second person.

    Sing. Du   Plur. ihr
     »   Sie   »   Sie, §. 4, 5 c.

Formerly one also used to address a single person by „ihr", which is still used by peasants. In the eighteenth century it was the custom to address people by the 3rd person sing. Frederick the Great generally used this style of address.

---

*) Vergißmeinnicht.
Forget-me-not.

Reflexive pronoun.

If the subject of a sentence is represented as object (depending on a verb or a preposition), the pronoun, designating this object, is called *reflexive*. Also in adverbial expressions the reflexive must be put, if the pronoun designates the same person as the subject:

er hat kein Geld bei sich,
he has no money about him;
er machte die Thüre hinter sich zu,
he shut the door behind him.

In the first and second person the personal pronoun is used as reflexive; in the third person there is a special reflexive pronoun sich for dative and accusative sing. and plur. of the 3 genders.

ich wasche mich
du wäscht dich
er ⎫
sie ⎬ wäscht sich
es ⎭
wir waschen uns
ihr waschet euch
sie waschen sich, §. 21.

b. Interrogatives.

1. N. wer, who?   2. was, what?
   G. wessen, wes   wessen, wes (weswegen, on account of what)
   D. wem
   A. wen   was

c. Indefinite pronouns.

1. man (Mann), one, people; only used in the nominative.
2. a. N. jemand, somebody
      G. jemandes
      D. jemandem, jemand
      A. jemanden, jemand
   b. niemand, nobody, declined like jemand.
3. N. jedermann, everybody, marks only the
   G. jedermanns
4. etwas, something, etwas Schönes, etwas Wein, §. 26, 3.
5. nichts, nothing, nichts Schlechtes

II. Adjectival pronouns.

They are declined like *adjectives*.

a. Possessives.

1st Person.
Sing. id): mein*), my
Plur. wir: unfer, our

2nd Person.
Sing. bu, Sie: bein, Ihr, your
Plur. ihr, Sie: euer, Ihr, your

3rd Person.
Sing. { er, es: fein, his, its
{ fie: ihr, her
Plur. fie: ihr, their

1. They are used as *adjectives* attributively and predicatively; if used attributively, they are declined like the indefinite article: mein Baum, meine Blume, mein Schloß; if used predicatively, they have no ending as all adjectives. Diefer Apfel ift **mein**, biefe Birnen find **dein**.

2. They are used as *pronouns* (instead of a substantive). Then they must show the gender of the substantive which they represent, and take the endings of the strong declension: meiner, meine, meines.

Weffen Hut ift bies? Es ift meiner.

Form the others!

3. If they are used pronominally, they may take the article like any other adjective:

ber meine, bie meine, bas meine,
(mine)

Form the others!

For this an adjective in ig is substituted:

ber meinige, bie meinige, bas meinige,
(mine)

Form the others!

---

*) The possessives are the genitives of the personal pronouns.

4. The forms, mentioned in 3, are also used as substantives; then the neuter sing. denotes property: das Meinige (das Meine), my fortune, and the plural one's family: die Meinigen (die Meinen), my family.

b. Interrogatives.

1. welcher, welche, welches, used as *adjective* and as *pronoun*.

2. was für ein, was für eine, was für ein, what sort of; if used without substantive, the indefinite article must show the gender of the substantive by the endings of the strong declension of adjectives: was für einer — eine — ein(e)s.

Was für ein Buch ist das? Bringe mir ein Buch.
Was für eins?

c. Demonstratives. They are used as *adjectives* and as *pronouns*.

1. der, die, das = definite article, only pronounced with more emphasis; as *pronoun* it takes in the

	m.	f.	n.
Gen. sing.	dessen, des	deren, der	dessen, des
Gen. plur.		deren	
Dat. plur.		denen	

deswegen, on account of that

Wes das Herz voll ist, des geht der Mund über.
Out of the abundance of the heart the mouth speaketh.

2. dieser, diese, dieses (dies), this
3. jener, jene, jenes, that

Der Löwe und der Tiger sind Raubtiere; jener lebt in Afrika, dieser in Asien.

d. Relatives.

1. der, die, das = definite article.
   In the gen. sing. it has dessen, deren, dessen,
   in the gen. plur. deren,
   in the dat. plur. denen.

2. welcher, welche, welches, which. In the **genitive** sing. and plur. of the 3 genders it has the forms of the preceding.

e. **Determinatives** (Demonstrative words, pointing to a following relative or an attributive addition).

1. derjenige, diejenige, dasjenige, he who, that which, composed of the article and the adj. jenig; both parts are declined. It is used as *adjective* and as *pronoun*.

    derjenige diejenige dasjenige
    desjenigen derjenigen desjenigen u. s. w.

2. derselbe, dieselbe, dasselbe, composed of the article and the adjective selb; both parts are declined

    derselbe dieselbe dasselbe
    desselben derselben desselben u. s. w.

It is used as *adjective* and as *pronoun*; selber and selbst, self, are forms of the same adjective, they always follow the noun or pronoun. Ich habe ihn selbst gesehen, I have seen him myself, or I have seen the man himself. Selbst is also an adverb, meaning "even".

3. der, die, das = definite article; as determinative pronoun it has the forms of the demonstrative but with gen. plur. derer (if not joined with a substantive).

    Traue nicht den Worten derer, die dir schmeicheln.
    Do not trust the words of those who flatter you.

4. a. wer = der, } welcher
    derjenige, }

    Wer schwimmen lernen will, muß ins Wasser gehen.
    Who will learn to swim, must go into the water.

  b. was = 1. das, was, 2. was is a mere relative if referring to a whole sentence or to a neuter pronoun.

    1. Was gut ist, ist nützlich.
     What is good, is useful.

    2. Es ist nicht alles Gold, was glänzt.
     Not all is gold that glitters.

    3. Der Angeklagte gestand sein Verbrechen, was die Richter nicht erwartet hatten.
     The defendant owned his crime, which the judges had not expected.

5. ſolcher, ſolche, ſolches, such. Adjective and Pronoun.

Wähle ſolche Freunde, denen du vertrauen kannſt.
Choose such friends whom you can trust.

Note. Derſelbe means literally "the same" (as what has been spoken of before) and when used in this sense, is often strengthened by eben, just, ebenderſelbe, the very same; but often derſelbe is used instead of the personal pronouns er, ſie, es, plur. ſie, as these pronouns, depending on prepositions, are only used in speaking of persons.

Ex.: Leihe mir dein Meſſer, ich will einen Stock mit demſelben ſchneiden. (Mit ihm would refer to a person.)
Lend me your knife, I will cut a stick with it.

Instead of the preposition and a form of derſelbe or another pronoun representing **things** a pronominal adverb is mostly used which is composed of a preposition and the pronominal roots da (demonstr.) and wo (interr. and rel.) If the preposition begins with a vowel, an r is inserted:

darauf, on that, there upon
worauf, on what? and upon which (rel.)

für 1. dafür. Ich habe mein Pferd verkauft, ich habe 600 Mark dafür (für dasſelbe) bekommen.
I have sold my horse, I have got 600 marks for it.

2. wofür (rel.) Ich habe das Pferd geſehen, wofür (für das, welches) er 600 Mark bezahlt hat.

3. wofür (interr.) Wofür haſt du dein Geld ausgegeben?
For what have you spent your money?

f. Indefinites.

1. jeder, jede, jedes. Used as adjective and as pronoun. It may be preceded by the indefinite article: ein jeder, eine jede, ein jedes.

2. mancher, manche, manches. Used as adjective and as pronoun. It sometimes remains uninflected, then the adjective takes the endings of the strong declension.

Mancher tapfere } Ritter fiel in dem Kampf.
Manch tapferer }
Many a brave knight fell in the combat.

3. **einiger, etlicher**, some, adjective and pronoun, chiefly used in the plural,
   einige, etliche,
   einiges, etliches, s. §. 12, weak form, Note 1.

4. a. **viel**, much ⎫ They are used as adjectives and
      wenig, little ⎭ pronouns.

   After an article or pronoun they are declined like other adjectives: **Der viele Wein.** Before a substantive (if used alone) and as pronouns they are invariable.

   viel Wein
   viel Milch
   viel Wasser

   b. **mehr** and **weniger** are invariable, from **mehr** has been formed **mehrere**, several.

   c. **genug.** Used pronominally.

   Ich habe genug Zeit. S. §. 26, 3.
   Ich habe genug gesehen.

   Note. **viel, mehr, wenig, genug** and **etwas** are also used as adverbs.
   Dieser Mann ist etwas kränklich.
   This man is somewhat ill.

5. **all.** Before a substantive it is fully declined like other adjectives: **Aller Anfang ist schwer.**
   All beginning is difficult.

   If the article or a pronoun follows, it very often remains unvaried.
   All mein bar Geld ist hin.
   All my ready money is gone.

g. Interrogative and demonstrative pronouns, pointing as subjects of a sentence to a following substantive, are always put in the neuter *sing.*

   Das ⎫
   Dieses ⎭ **ist mein Garten. Das sind meine Pferde.**
   Welches ist Ihr Garten?
   Welches sind Ihre Kinder?

§. 14.
Numerals.
I. Cardinals.

1	eins	22	zweiundzwanzig u. s. w.
2	zwei	30	dreißig
3	drei	31	einunddreißig
4	vier	40	vierzig
5	fünf	50	fünfzig
6	sechs	60	sechzig
7	sieben	70	siebzig
8	acht	80	achtzig
9	neun	90	neunzig
10	zehn	100	hundert
11	elf	101	hundert und eins or
12	zwölf		hundert eins u. s. w.
13	dreizehn	200	zweihundert u. s. w.
14	vierzehn	1000	tausend
15	fünfzehn	1001	tausend und eins
16	sechzehn	2000	zweitausend u. s. w.
17	siebzehn	100 000	hunderttausend
18	achtzehn	200 000	zweimalhundert=
19	neunzehn		tausend u. s. w.
20	zwanzig	1 000 000	eine Million
21	einundzwanzig		

1 452 018 eine Million vierhundert zweiundfünfzigtausend und achtzehn.

1883 achtzehnhundert dreiundachtzig.

  a. eins. This word is either the indefinite article or an indefinite pronoun or a numeral, according to the emphasis laid upon it.

    1. When used adjectively, it is invariable in the nominative masculine and neuter.
       ein Tisch,   eine Lampe,   ein Zimmer.
    2. When used pronominally, it is declined like an adjective in the strong declension; it is used to supply the cases of the indefinite pronoun man; einer, eine, ein(e)s.
    3. If preceded by the article or any pronominal word, it is declined like any other adjective.
        der eine, (der andere)
        the one,   the other

4. Out of ein and anber has been formed the reciprocal einanber, one another, each other. Die Hunde beißen einanber. Often instead of the reciprocal einanber the reflexive sich is used: Die Hunde beißen sich.
5. The negative of ein is fein.
   Adject. fein Tisch, feine Lampe, fein Zimmer
   Pron. feiner, feine, fein(e)s

b. zwei, brei.
   N. zwei, brei
   G. zweier, breier
   D. zweien, breien.

1. In the genitive case the form zweier and breier must be used, if no other word is there to indicate the case.
   Ex.: Heute Morgen fand auf der Nordbahn der Zusammenstoß zweier Züge statt.
   This morning a collision of two trains took place on the Northern Railway.
   In the dative the inflected form is only necessary when there is no substantive, as any substantive shows the dative plural by n.
   Ex.: Dreien ist die Arbeit gelungen.
   Three have succeeded to do the work.

2. Formerly the word zwei took the three genders:
   zween, zwo, zwei
   Ex.: Niemand kann zween Herren dienen.
   No man can serve two masters.

3. Instead of zwei one uses beibe, both, if there are only two, or if two things are in any way connected to each other.
   Ex.: Dieser Mann hat seine beiden Kinder verloren.
   This man has lost both his children.

4. From all the units a nominative in e and a dative in en is occasionally met with, if they are used pronominally.
   Ex.: Er fährt mit vieren.
   He drives four in hand.

c. Hundert and tausend are often used as neuter substantives.
   Hunderte und Tausende verlieren im Kriege das Leben.
   Hundreds and thousands lose their lives in war.

II. Ordinals.

1. (1ᵗᵉ) erſt (Wiesbaden, ben 1. (1ᵗᵉⁿ = erſten) Auguſt 1883.)
2. zwei t
3. britt
4. viert
5. fünft
6. ſechſt
7. ſiebt
8. acht
9. neunt
10. zehnt
11. elft
12. zwölft
13. breizehnt
14. vierzehnt
15. fünfzehnt
16. ſechzehnt
17. ſiebzehnt
18. achtzehnt
19. neunzehnt
20. zwanzigſt
21. einundzwanzigſt
u. ſ. w.

30. breißigſt
31. einundbreißigſt
u. ſ. w.
40. vierzigſt
50. fünfzigſt
60. ſechzigſt
70. ſiebzigſt
80. achtzigſt
90. neunzigſt
100. hundertſt
101. hundert (und) einſt
102. hundert (und) zweit
u. ſ. w.
200. zweihundertſt
u. ſ. w.
1000. tauſendſt
1001. tauſend und einſt
2000. zweitauſendſt
u. ſ. w.
1 000 000. millionſt

1. From 2—19 the ordinals are formed by adding t, from thence by the suffix ſt. Exc. britt; acht has only one t.

The ordinals are adjectives, but if used predicatively without article or pronominal adjective, they do not occur in their original form, as other adjectives, but take the endings of the strong declension. Ex.: Er iſt erſter, he is the first (for inst. in any play).

III. Multiplicatives.
einfach (einfältig), simple
zweifach (zweifältig), twofold
breifach u. ſ. w., threefold

IV. Variatives.
einerlei,   allerlei
zweierlei   mancherlei
breierlei   vielerlei
viererlei   keinerlei
fünferlei

They are formed by adding to the cardinals and indefinite numerals with the ending er the ancient substantive lei (sort): zweierlei Tuch, cloth of two sorts.

V. Iteratives

are formed by compounding the cardinals with Mal (mark, time).

einmal, once
zweimal, twice
dreimal, three times

The same word is also joined with ordinals to form adverbial expressions.

das erste Mal
das erstemal
zum ersten Mal ⎱
zum erstenmal ⎰ for the first time

Das Einmaleins, Multiplication table.

$2 \times 2 = 4$ zweimal zwei ist vier.
$3 \times 3 = 9$ dreimal drei ist neun.
$18 : 6 = 3$ achtzehn dividiert durch sechs ist drei.
$18 - 4 = 14$ achtzehn weniger (minus) vier ist vierzehn.
$6 + 6 = 12$ sechs und (plus) sechs ist zwölf.

VI. Fractions.

$3/4$ = drei Viertel.
$1/3$ = ein Drittel.
$1/8$ = ein Achtel.
Numerator = cardinal.
Denominator = the ordinal and tel (originally Teil, part). The denominator is properly a substantive, but if joined with a subst. treated as an adjective. Ex.: ein viertel Pfund, eine viertel Stunde, ein viertel Jahr (also Vierteljahr).

$1/2$ = ein halb.
$1 1/2$ = ein und ein halb or **anderthalb** (the t is inserted for the sake of euphony); anderthalb literally means: the first whole and the other (second) half.

$2 1/2$ = zwei und ein halb or dritthalb (the first and second whole and the third half).

Form the others!
zwei und eine halbe Stunde
dritthalb Stunden

VII. Adverbs
are formed from the ordinals by adding ens to the root.
erstens, firstly
zweitens
drittens
u. f. w.
Form the others!

Third Chapter.
Conjugation.
§. 15.
The inflection of the verb (Conjugation) shows:

1. **Tense.**
2. **Number and Person.**
3. **Mood.**
4. **Voice.**

I. Tense.

Present	Preterit	Future
Imperfect	Imperfect	Imperfect
Perfect	Perfect	Perfect

Present Imperfect is called Present.
    »   Perfect   »   » Perfect.
Preterit Imperfect »   » Preterit.
    »   Perfect   »   » Pluperfect.
Future Imperfect   »   » Future.
    »   Perfect   »   » Second Future.

1. **Simple** tenses are only:
    Present and Preterit.
  a. gebe, give, gab,   fliege, fly, flog
  b. sage, say, sagte,   höre, hear, hörte

All German verbs are divided into two classes, according to the way in which they form the preterit.

a. Verbs which form their preterit by a change of the vowel, belong to the
strong conjugation:
gebe, gab,   fliege, flog.
b. Verbs which add **te***) to their root (the root of a verb is to be obtained by cutting off **en** of the infinitive), belong to the
weak conjugation:
sage, sagte,   höre, hörte.
c. The past participle of the strong conjugation ends in **en**, gegeben, geflogen, and that of the weak ends in (e)t, gesag(e)t, gehör(e)t.
d. The past participle of both classes has the prefix **ge** (which in popular style is sometimes omitted).

Infinitive, Preterit and Past Participle are the principal forms of the verb.

2. **Compound tenses** are:
Perfect and Pluperfect,
Future and Second Future.

Perfect and Pluperfect are formed in **transitive** verbs by the present and preterit of haben, have, and the past participle:

ich habe gegeben
ich hatte gegeben;

in **intransitive** verbs **haben** is used, if the subject is spoken of as acting, **sein** when the subject is considered as suffering a change either of its *condition* or *place:*

er ist gestorben; er hat geschlafen

Compare the following sentences:

Er ist über den Rhein geschwommen (swim).
Er hat zwei Stunden geschwommen.
Er ist nach Frankfurt gereist (travel).
Er hat lange Jahre gereist.
Wir sind aus einer Stube in die andere getanzt (dance).
Wir haben den ganzen Abend getanzt.

---

*) This **te** is the remainder of the preterit of the verb "tuon" = thun, do; compare the English "ended".

Future and Second Future are formed by the present of the auxiliary werben*) (properly become) and the infinitive present or perfect.

   ich werbe geben (originally ich werbe gebend, I become giving)
   ich werbe gegeben haben
   ich werbe laufen
   ich werbe gelaufen sein

II. Number and Person.

The German verb has two numbers: singular and plural. Each number has three persons.

Endings. Sing. 1. pers. e — (exc. ich bin and the modal auxiliaries §. 19 and the pret. ind. of the strong conjugation).
     2. pers. (e)st (exc. the imperative).
     3. pers. t, e — (exc. the modal auxiliaries §. 19 and the preterit ind. of the strong conjugation).
   Plur. 1. pers. en (exc. sind).
     2. pers. (e)t (exc. seib).
     3. pers. en (exc. sind).

   sage   gab   gäbe
   sag(e)st gabst gäbest
   sagt, sage gab   gäbe
   sagen gaben gäben
   sag(e)t gabet gäbet
   sagen gaben gäben

III. Mood.

The German verb has three moods:
    1. Indicative.
    2. Subjunctive.
    3. Imperative.

The Infinitive is a verbal substantive.
The Participles are verbal adjectives.

---

*) The verbs sein, haben and werben are auxiliaries of tense and also independent verbs.

IV. Voice.

The verb is either *active* or *passive*.
The passive is formed by the auxiliary werben and the past participle.

§. 16.
Remarks on the formation of Present and Preterit of the strong conjugation.

Ia. Present Indicative.

1. Verbs, having e as radical vowel in the 1st person sing., change it into i in the 2nd and 3rd person.

  ich helfe, I help ich gebe
  du hilfst   du gibst (giebst)
  er hilft   er gibt (giebt)

There are however some exceptions as:

  heben, lift weben, weave

2. Verbs, having a as radical vowel, change it into ä in the 2nd and 3rd person.

  ich trage
  du trägst
  er trägt

laufen and stoßen also modify:

  ich laufe, run ich stoße, push
  du läufst du stößt
  er läuft er stößt

There are also here some exceptions, for inst.

  schaffen, create du schaffst
        er schafft

3. The e of the endings est and et is in common language always dropped (the e of the 1st person sometimes too). It is retained in a higher style. Verbs with the root in sch, s and ß may drop with the e also the s of the second person.

  ich wasche ich esse   ich stoße
  du wäscht du ißt (issest §. 4, 5) du stößt (stößest) (Comp.
  ich reise   the superlative größt)
  du reist (reisest)

Note. In weak verbs it is the same with the e in the 2nd and 3rd person singular and in the participle past; only in verbs with the root in b or t it must be retained.

ich enbe	ich leite, lead
bu enbeſt	bu leiteſt
er enbet	er leitet
geenbet	geleitet.

I b. Present Subjunctive.

The present subjunctive has in all persons the vowel of the infinitive, and the e of the endings eſt and et is never dropped.

Note. This is the same with weak verbs. In the *plural* the *present subjunctive* in weak and strong verbs does not differ from the present indicative.

II a. Preterit Indicative.

1. The preterit indicative is formed by the change of the radical vowel.

   a. A double consonant is reduced to a single one, if the vowel is lengthened.

      erſchrecken, be frightened
      erſchrak;
      treffen, hit
      traf;
      backen, bake
      buk

   b. A single consonant is doubled, if the vowel is shortened.

      gleiten, glide
      glitt;
      ſchneiden, cut
      ſchnitt

   c. The second person singular always omits the e in common language, it is retained in a higher style (for inst. in sermons).

   d. Some verbs had in ancient language different vowels in singular and plural.

sing.	warb, became	half, helped	ſtarb, died	ſtanb, stood
plur.	wurden	hulfen	ſturben	ſtunden

II b. Preterit Subjunctive.

The preterit subjunctive is regularly formed from that of the indicative by adding e in the first person singular and modifying the vowels a, o and u.

　　　　ich gab　　　ich zog　　　ich trug
　　　　ich gäbe　　ich zöge　　ich trüge

Note. In some verbs the vowel of the subjunctive is different from that of the indicative.

　　Ind.　ich half　　ich starb　　ich stand
　　Subj. ich hülfe　ich stürbe　ich stünde (or stände).

The reason is found in II d, as the subjunctive was formed from the plural of the indicative.

Note. In weak verbs the preterit subj. does not differ from the indicat.

III. Imperative.

Verbs which in the second person singular of the present indicative change e into i, take this i in the imperative and reject the ending e*).

　　ich gebe }   ich sehe }
　　du gibst } Imper. gib　du siehst } sieh

　　ich spreche }
　　du sprichst } sprich

§. 17.
Examples of Conjugation.

1. Sein, be.
Present.

	Indicative.	Subjunctive.
Sing. 1.	ich bin, bin ich?**)	ich sei
2.	du bist, Sie sind	du seiest, Sie seien
3.	er, sie, es ist	er, sie, es sei
Plur. 1.	wir sind	wir seien
2.	ihr seid, Sie sind	ihr seiet, Sie seien
3.	sie sind	sie seien

---

*) This e is in common language dropped in all verbs (S. Reading Book 30).
**) In the question the verb precedes the subject.

Preterit.

	Indicative.	Subjunctive.
Sing. 1.	ich war, war ich?	ich wäre*)
2.	du warst, Sie waren	du wärest, Sie wären
3.	er, sie, es war	er, sie, es wäre
Plur. 1.	wir waren	wir wären
2.	ihr waret, Sie waren	ihr wäret, Sie wären
3.	sie waren	sie wären

Perfect.

	Indicative.		Subjunctive.	
Sing. 1.	ich bin	\} gewesen	ich sei	\} gewesen
2.	du bist, Sie sind		du seiest, Sie seien	
3.	er, sie, es ist		er, sie, es sei	
Plur. 1.	wir sind		wir seien	
2.	ihr seid, Sie sind		ihr seiet, Sie seien	
3.	sie sind		sie seien	

Pluperfect.

Sing. 1. ich war gewesen   ich wäre*) gewesen
       u. s. w.   u. s. w.

Future.

	Indicative.		Subjunctive.	
Sing. 1.	ich werde	\} sein	ich werde	\} sein
2.	du wirst, Sie werden		du werdest, Sie werden	
3.	er, sie, es wird		er, sie, es werde	
Plur. 1.	wir werden		wir werden	
2.	ihr werdet, Sie werden		ihr werdet, Sie werden	
3.	sie werden		sie werden	

---

*) Instead of the pret. subj. and pluperf. subj. there is a circumscription formed with the pret. subj. of werden and the infinitive present and perfect, this form is called conditional, as it is employed in conditional sentences. Ex.:

Sing. 1. ich würde
     2. du würdest, Sie würden
     3. er, sie, es würde   \} sein
Plur. 1. wir würden
     2. ihr würdet, Sie würden
     3. sie würden

Second Conditional.
Sing. 1. ich würde gewesen sein
       u. s. w.

Second Future.

Indicative.	Subjunctive.
Sing. 1. ich werde gewesen sein	ich werde gewesen sein
bu wirst gewesen sein	bu werdest gewesen sein
u. s. w.	u. s. w.

Imperative*).
sei, seien Sie
seien wir, laßt uns sein
seib, seien Sie
(seien sie)

Infinitives.

Present.	Perfect.
sein	gewesen sein

Participles.

Present.	Past.
seiend	gewesen

2. haben, have.
Present.

Indicative.	Subjunctive.
Sing. 1. ich habe, habe ich?	ich habe
2. bu hast (contr. out of habest), Sie haben	bu habest, Sie haben
3. er, sie, es hat	er, sie, es habe
Plur. 1. wir haben	wir haben
2. ihr hab(e)t, Sie haben	ihr habet
3. sie haben	sie haben

Preterit.

Indicative.	Subjunctive.
Sing. 1. ich hatte (contr. out of habete)	ich hätte (ich würde haben)
2. bu hattest, Sie hatten	bu hättest, sie hätten
3. er, sie, es hatte	er, sie, es hätte
Plur. 1. wir hatten	wir hätten
2. ihr hattet, Sie hatten	ihr hättet, Sie hätten
3. sie hatten	sie hätten

---

*) The first and third person plural of the present subjunctive are used as imperatives, and so is often the 3rd person singular, the subject generally preceding the predicate: sei er or more frequently: er sei.

Perfect.

Indicative.	Subjunctive.
Sing. 1. ich habe gehabt	ich habe gehabt
2. du hast gehabt	du habest gehabt
u. s. w.	u. s. w.

Pluperfect.

Sing. 1. ich hatte gehabt	ich hätte gehabt (ich würde
u. s. w.	gehabt haben)
	u. s. w.

Future.

Sing. 1. ich werde haben	ich werde haben
u. s. w.	du werdest haben
	u. s. w.

Second Future.

Sing. 1. ich werde gehabt haben	ich werde gehabt haben
u. s. w.	du werdest gehabt haben
	u. s. w.

Imperative.

habe, haben Sie (haben is subjunctive)
haben wir, laßt uns haben
hab(e)t, haben Sie
(haben sie)

Infinitives.

Present.	Perfect.
haben	gehabt haben

Participles.

Present.	Past.
habend	gehabt

3. werden, become.
be (in the Passive)
shall (in the Future)

Present.

Indicative.	Subjunctive.
Sing. 1. ich werde, werde ich?	ich werde
2. du wirst, Sie werden	du werdest, Sie werden
3. er, sie, es wird	er, sie, es werde
Plur. 1. wir werden	wir werden
2. ihr werdet, Sie werden	ihr werdet, Sie werden
3. sie werden	sie werden

Preterit.

	Indicative.	Subjunctive.
Sing. 1.	ich wurbe (warb)	ich würbe*)
2.	bu wurbeſt (warbſt), Sie wurben	bu würbeſt, Sie würben
3.	er, ſie, es wurbe	er, ſie, es würbe
Plur. 1.	wir wurben	wir würben
2.	ihr wurbet, Sie wurben	ihr würbet, Sie würben
3.	ſie wurben	ſie würben

Perfect.

Sing. 1. ich bin geworben ich ſei geworben
u. ſ. w. u. ſ. w.

Pluperfect.

Sing. 1. ich war geworben ich wäre geworben
u. ſ. w. u. ſ. w.

Future.

Sing. 1. ich werbe werben ich werbe werben
u. ſ. w. bu werbeſt werben
  u. ſ. w.

Second Future.

Sing. 1. ich werbe geworben ſein ich werbe geworben ſein
u. ſ. w. bu werbeſt geworben ſein
  u. ſ. w.

Imperative.

werbe, werben Sie
werben wir, laßt uns werben
werbet, werben Sie
(werben ſie)

Infinitives.

Present.	Perfect.
werben	geworben ſein

Participles.

Present.	Past.
werbenb	geworben

---

*) With this form the conditional is made:
  ich würbe ſein, I should be
  ich würbe haben, I should have

4. geben, gab, gegeben, give.

Present.

	Indicative.	Subjunctive.
Sing. 1.	ich gebe*)	ich gebe
2.	du gibst (giebst), Sie geben	du gebest, Sie geben
3.	er, sie, es gibt (giebt)	er, sie, es gebe
Plur. 1.	wir geben	wir geben
2.	ihr geb(e)t, Sie geben	ihr gebet, Sie geben
3.	sie geben	sie geben

Preterit.

Sing. 1.	ich gab	ich gäbe (ich würde geben)
2.	du gab(e)st, Sie gaben	du gäbest, Sie gäben
3.	er, sie, es gab	er, sie, es gäbe
Plur. 1.	wir gaben	wir gäben
2.	ihr gab(e)t, Sie gaben	ihr gäbet, Sie gäben
3.	sie gaben	sie gäben

Perfect.

Sing. 1.	ich habe gegeben	ich habe gegeben
	u. s. w.	du habest gegeben
		u. s. w.

Pluperfect.

Sing. 1.	ich hatte gegeben	ich hätte gegeben (ich würde
	u. s. w.	gegeben haben)
		u. s. w.

Future.

Sing. 1.	ich werde geben	ich werde geben
	u. s. w.	du werdest geben
		u. s. w.

Second Future.

Sing. 1.	ich werde gegeben haben	ich werde gegeben haben
		du werdest gegeben haben
	u. s. w.	u. s. w.

Imperative.

gib, §. 16, III, geben Sie
geben wir, laßt uns geben
geb(e)t, geben Sie
(geben sie)

---

*) To express the English "I am giving" one uses in German: **Ich bin am Geben,** and for: I am going to give: ich bin im Begriff zu geben, I am on the point of giving.

Infinitives.

Present.	Perfect.
geben	gegeben haben

Participles.

Present.	Past.
gebend	gegeben

5. laufen, lief, gelaufen, run.

Present.

	Indicative.	Subjunctive.
Sing. 1.	ich laufe	ich laufe
2.	du läufst, Sie laufen	du laufest, Sie laufen
3.	er, sie, es läuft	er, sie, es laufe
Plur. 1.	wir laufen	wir laufen
2.	ihr lauf(e)t, Sie laufen	ihr laufet, Sie laufen
3.	sie laufen	sie laufen

Preterit.

	Indicative.	Subjunctive.
Sing. 1.	ich lief	ich liefe (ich würde laufen)
2.	du lief(e)st, Sie liefen	du liefest, Sie liefen
3.	er, sie, es lief	er, sie, es liefe
Plur. 1.	wir liefen	wir liefen
2.	ihr liefet, Sie liefen	ihr liefet, Sie liefen
3.	sie liefen	sie liefen

Perfect.

Sing. 1. ich bin*) gelaufen   ich sei gelaufen
     u. s. w.   u. s. w.

Pluperfect.

Sing. 1. ich war gelaufen   ich wäre gelaufen (ich würde
     u. s. w.   gelaufen sein)
                            u. s. w.

Future.

Sing. 1. ich werde laufen   ich werde laufen
     u. s. w.   du werdest laufen
                            u. s. w.

Second Future.

ich werde gelaufen sein   ich werde gelaufen sein
     u. s. w.   du werdest gelaufen sein
                            u. s. w.

---

[1]) See §. 15, Compound tenses.

Imperative.
laufe, laufen Sie
laufen wir, laßt uns laufen
laufet, laufen Sie
(laufen Sie)

Infinitives.

Present.	Perfect.
laufen	gelaufen sein

Participles.

Present.	Past.
laufend	gelaufen

6. ſagen, ſagte, geſagt, say, tell.

Present.

	Indicative.	Subjunctive.
Sing.	1. ich ſage	ich ſage
	2. du ſag(e)ſt, Sie ſagen	du ſageſt, Sie ſagen
	3. er, ſie, es ſagt	er, ſie, es ſage
Plur.	1. wir ſagen	wir ſagen
	2. ihr ſag(e)t, Sie ſagen	ihr ſaget, Sie ſagen
	3. ſie ſagen	ſie ſagen

Preterit.

Sing.	1. ich ſagte	ich ſagte (ich würde ſagen)
	2. du ſagteſt, Sie ſagten	du ſagteſt, Sie ſagten
	3. er, ſie, es ſagte	er, ſie, es ſagte
Plur.	1. wir ſagten	wir ſagten
	2. ihr ſagtet, Sie ſagten	ihr ſagtet, Sie ſagten
	3. ſie ſagten	ſie ſagten

Perfect.

Sing. 1. ich habe geſagt
    u. ſ. w.

ich habe geſagt
du habeſt geſagt
u. ſ. w.

Pluperfect.

Sing. 1. ich hatte geſagt
    u. ſ. w.

ich hätte geſagt (ich würde geſagt haben)
u. ſ. w.

Future.

Sing. 1. ich werde ſagen
    u. ſ. w.

ich werde ſagen
du werdeſt ſagen
u. ſ. w.

Second Future.

Indicative.	Subjunctive.
Sing. 1. ich werde gesagt haben	ich werde gesagt haben
u. s. w.	bu werbest gesagt haben
	u. s. w.

Imperative.

sage, sagen Sie
sagen wir, laßt uns sagen
saget, sagen Sie
(sagen sie)

Infinitives.

Present.	Perfect.
sagen	gesagt haben

Participles.

Present.	Past
sagend	gesagt

7.

a. *A few verbs of the weak conjugation change their radical vowel* e *into* a *in the preterit indicative and in the past participle, in the preterit subjunctive they retain* e.

Infinitive.	Preterit.		Participle past.
	Indic.	Subj.	
brennen, burn	brannte	brennte	gebrannt
kennen, know	kannte	kennte	gekannt
nennen, name	nannte	nennte	genannt
rennen, run	rannte	rennte	gerannt
senden, send	sandte	sendete	gesandt
wenden, turn	wandte	wendete	gewandt

senden and wenden also form in the indic. pret. sendete and wendete and in the past part. gesendet and gewendet.

b.
| bringen, bring, | brachte, | brächte, | gebracht |
| benken, think, | bachte, | bächte, | gebacht |

§. 18.

Passive.

geliebt werden, be loved.

Present.

Indicative.	Subjunctive.

Sing. 1. ich werde — ich werde
 2. du wirst, Sie werden — du werdeſt, Sie werden
 3. er, ſie, es wird — er, ſie, es werde
Plur. 1. wir werden — wir werden
 2. ihr werdet, Sie werden — ihr werdet, Sie werden
 3. ſie werden — ſie werden

(geliebt)

Preterit.

Sing. 1. ich wurde geliebt — ich würde geliebt
 ich warb geliebt — u. ſ. w.
 u. ſ. w.

Perfect.

Sing. 1. ich bin geliebt worden — ich ſei geliebt worden
 u. ſ. w. — u. ſ. w.

Pluperfect.

Sing. 1. ich war geliebt worden — ich wäre geliebt worden
 u. ſ. w. — u. ſ. w.

Future.

Sing. 1. ich werde geliebt werden
 u. ſ. w.

Second Future.

Sing. 1. ich werde geliebt worden ſein
 u. ſ. w.

Imperative.

werde geliebt, werden Sie geliebt (not used)
 u. ſ. w.

Infinitives.

Present.	Perfect.
geliebt werden	geliebt worden ſein

Participles.

Present.	Past.
geliebt werdend	geliebt worden

Note 1. The past part. of the auxiliary werden loses its ge in the passive.

Note 2. The past part. of the verb is put **after** the simple tenses of the auxiliary, but **before** the infinitives and participles.

§. 19.
Modal auxiliaries.

These are:

    bürfen, be allowed   müssen, must
    können, can   sollen, shall
    mögen, may   wollen, will

a. Simple Forms.

Present. Indicative.

Sing.	1. darf	kann	mag	muß	soll	will
	2. darfst, Sie dürfen	kannst	magst	mußt	sollst	willst
	3. er, sie, es darf	kann	mag	muß	soll	will
Plur.	1. wir dürfen	können	mögen	müssen	sollen	wollen
	2. dürf(e)t, Sie dürfen	könn(e)t	mög(e)t	müss(e)t	soll(e)t	woll(e)t
	3. sie dürfen	können	mögen	müssen	sollen	wollen

Subjunctive.

| dürfe | könne | möge | müsse | solle | wolle |

Preterit. Indicative.

Sing.	1. durfte	konnte	mochte	mußte	sollte	wollte
	2. durftest					
	3. durfte					
Plur.	1. durften					
	2. durftet					
	3. durften					

Subjunctive.

| dürfte | könnte | möchte | müßte | sollte | wollte |

Imperative.

—	—	—	—	—	wolle, wollen Sie
					wollen wir, laßt uns wollen
					woll(e)t, wollen Sie
					(wollen sie)

Participle Present.

| dürfend | könnend | mögend | müssend | sollend | wollend |

Participle past.

| gedurft | gekonnt | gemocht | gemußt | gesollt | gewollt |

Infinitive.

| dürfen | können | mögen | müssen | sollen | wollen |

b. The **compound** tenses are formed as in all other verbs, only instead of the past participle the **infinitive** is used in connection with another infinitive.

Ex.: ich habe ausgehen wollen, aber ich habe nicht gekonnt.
ich habe ausgehen können, aber ich habe nicht gewollt. S. §. 32,2.

If you compare the present of these verbs with the preterit of the strong conjugation, you will find that they have the same forms; indeed they are preterits in form and presents in meaning.

wissen, know, has a similar conjugation.

Present: weiß, weißt, weiß, wissen, wißt, wissen.
Subjunctive: wisse, wüßte.
Preterit: wußte.
Part. Past.: gewußt.

Note. Also the present of this verb is a preterit in form.

§. 20.
Compound Verbs.

Primitive German verbs are dissyllabic:

sehen, hören, gehen, stehen.

Verbs of more than two syllables are either composed of **foreign** roots and a German ending (ieren and eien), marschieren, prophezeien, or they are **derived** from substantives, as:

arbeiten from Arbeit, work
urteilen » Urteil, judgement
handhaben » Handhabe, handle

or they are **compounded.**

The verbs with foreign roots in ieren and eien are quite regular, only they lose the ge of the past participle:

Die Soldaten sind marschiert.
Der Hahn hat gutes Wetter prophezeit.

The verbs, derived from substantives, are quite regular:

arbeiten, arbeitete, gearbeitet
urteilen, urteilte, geurteilt
handhaben, handhabte, gehandhabt

Compound verbs.

I. **If the accent** is on the **first** part, they are compounded with adverbs which are still in use as independent words.

aufstehen, get up   anfangen, begin;

auf and an are prepositions or adverbs.

These adverbs are *separated* from the verb in Present and Preterit.

ich stehe auf   ich fange an
ich stand auf   ich fing an

The ge of the past participle is put between the adverb and the root:

ich bin aufgestanden
ich habe angefangen

zu before the infinitive is put in the same place:

es ist Zeit aufzustehen
es ist Zeit anzufangen

Note. If the verb is put at the end of the sentences, and there it stands in all dependent sentences, the adverb is not separated:

Als ich **aufstand**, war die Sonne schon aufgegangen.
When I got up, the sun had already risen.
Wenn die Sonne **aufgeht**, singen die Vögel.
When the sun rises, the birds sing.

Separable adverbs and some verbs composed with them.

1. ab, off: abreisen, set out; abschreiben, copy
2. an, on, at: ankommen, arrive; anfangen, begin
3. auf, up, upon: aufstehen, get up; aufmachen, open
4. aus, out, from: ausgehen, go out; auslassen, leave out
5. bei, by, beside: beistehen, assist; beitragen, contribute
6. dar, there: darstellen, represent; darbieten, offer
7. ein, in, into: einladen, invite; einziehen, enter
8. fort, forth, away: fortfahren, continue and drive away; fortgehen, drive away
9. her, *toward* the speaking person: herbringen, bring hither; hersagen, recite

10. heim, home: heimgehen, go home; heimsuchen, visit, afflict
11. hin*), *from* the speaking person: hinstellen, put down; hingehen, go there
12. los, loose: loslassen, let loose; losgehen, get loose, go off (of a gun)
13. mit, with: mitteilen, communicate; mitnehmen, take with
14. nach, after: nachlaufen, run after; nachgehen, go after
15. nieder, down: niederlegen, lay down; niederwerfen, throw down
16. vor, before: vorstellen, present, introduce; vorlesen, read to
17. weg, away: wegnehmen, take away; weggehen, go away
18. zu, to: zumachen, shut; zuschließen, close, lock; zubringen, pass

II. **If compound** verbs have the accent on the **root**, they are inseparably compounded.

beginnen, begin
entférnen, remove
empfángen, receive
gestéhen, own
erréichen, reach
zerréißen, tear

As a rule the adverbs with which the inseparable compounds are formed, are no more used as independent words. The inseparable compounds omit the ge of the past participle: begonnen, entfernt, empfangen, erreicht, gestanden, verreist, zerrissen.

The **inseparable** prefixes and some **verbs composed** with them:
1. be: belohnen, reward; behalten, keep
2. ent: entfernen, remove; empfangen, receive
     (before f it takes the form emp by assimilation)
3. er: erhalten, receive; erreichen, reach
4. ver: verlieren, lose; vergessen, forget
5. zer: zerreißen, tear up; zerstören, destroy
6. ge: gehorchen, obey; gestehen, own
7. miß: mißbrauchen, misuse; mißfallen, displease
8. voll: vollbringen, accomplish; vollziehen, execute

---

*) About hin and her, see §. 23.

9. hinter: hintergehen, deceive; hinterlassen, leave behind
10. wider: widerstehen, resist; widersprechen, contradict

Note 1. There are also substantives composed of the root and the same prefixes: der Verein, der Verlust, das Gesicht, das Geschäft. s. §. 8.

Note 2. Only voll, hinter and wider are used as independent words.

III. **Some adverbs occur** in separable and **inseparable** compounds.

Insep.	durchbringen, permeate, habe durchbrungen	ich durchbringe,	durchbrang,
Sep.	dúrchbringen, penetrate, bin durchgebrungen	ich bringe durch,	brang durch,
Insep.	unterwérfen, subjugate, habe unterworfen	ich unterwerfe,	unterwarf,
Sep.	únterwerfen, throw under, habe untergeworfen	ich werfe unter,	warf unter,
Insep.	übersétzen, translate, habe übersetzt	ich übersetze,	übersetzte,
Sep.	übersetzen, cross, bin übergesetzt	ich setze über,	setzte über,
Insep.	wiederhólen, repeat, habe wiederholt	ich wiederhole,	wiederholte,
Sep.	wíederholen, fetch back, habe wiedergeholt	ich hole wieder,	holte wieder,

§. 21.

Reflexive verbs.

1. A verb which has a reflexive pronoun (§. 13 a) as object, is called reflexive.

2. Any transitive verb may be used as a reflexive.

3. Some verbs are *only found* as reflexives.

sich*) schämen, be ashamed
sich irren, be mistaken
sich besinnen, meditate
sich sehnen, long for
sich widersetzen, oppose, resist

---

*) The sich in these verbs is no more felt as object.

Conjugation of a reflexive verb.

Present.

Indicativo (form the Subjunctive!)

Sing. 1. ich freue mich, I am glad, I rejoice
      2. du freu(e)st dich, Sie freuen sich
      3. er, sie, es freu(e)t sich
Plur. 1. wir freuen uns
      2. ihr freu(e)t euch, Sie freuen sich
      3. sie freuen sich

Preterit.
Sing. 1. ich freute mich   u. s. w.

Perfect.
Sing. 1. ich habe mich gefreut   u. s. w.

Pluperfect.
Sing. 1. ich hatte mich gefreut   u. s. w.

Future.
Sing. 1. ich werde mich freuen   u. s. w.

Second Future.
Sing. 1. ich werde mich gefreut haben   u. s. w.

Conditional.
Sing. 1. ich würde mich freuen   u. s. w.

Second Conditional.
Sing. 1. ich würde mich gefreut haben   u. s. w.

Imperative.
freue dich, freuen Sie sich
freuen wir uns, laßt uns uns freuen
                        (not much used, why?)
freuet euch, freuen Sie sich
freuen sie sich

Participle.
Present.
sich freuend

Note. In the examples given above sich is accusative, but there also reflexives with the dative: sich einbilden, imagine; sich anmaßen, make a claim. Most of these require a direct object in the accusative.

§. 22.
Impersonal Verbs.

If we wish to express the action of a verb without knowing or mentioning the acting subject, we put that verb in the 3rd person singular with the indefinite subject es, then the verb is called impersonal.

1. es blitzt, it lightens
   es donnert, it thunders
   es regnet, it rains
   es hagelt, it hails
   es taut, it thaws
   es friert, it freezes
2. es klopft, somebody knocks
   es schellt, somebody rings the bell
   es schlägt, it strikes
3. **es gibt**, there is, there are, to describe indefinite existence.
   Es gibt viele Elephanten auf der Insel Ceylon.
   There are many elephants on the island of Ceylon.
   The depending word is in the accusative.
4. es hungert **mich**, I am hungry
   es dürstet mich, I am thirsty
   es friert mich, I am cold

   Instead of es hungert mich and es dürstet mich one uses more frequently the personal expressions:

   ich habe Hunger, ich bin hungrig
   ich habe Durst, ich bin durstig

   Instead of the 3rd one often says: ich friere.
5. **es gelingt mir,** I succeed

   Die Jäger wollten einen Hirsch schießen, aber es ist ihnen nicht gelungen.
   The hunters would shoot a stag, but they did not succeed.

   es heißt, people say, it is said
   Es heißt, daß der Kaiser (emperor) nach Wiesbaden kommt.

   es scheint, it seems
6. With werden and sein and thun many impersonal expressions are formed, as:

es wird mir kalt   es ist mir gut, nicht gut
es wird mir warm   es thut mir leid, I am sorry
es ist mir warm   es thut mir weh, it hurts my feeling

Also the verb gehen is very often used impersonally:

Wie geht es Ihnen? How are you?
Es geht mir gut, I am well.

7. An impersonal passive is formed from intransitive verbs:

es wird getanzt, there is dancing
es wird musiziert   u. s. w.
es wird gesungen
es wird gelacht

In sentences, beginning with an adverbial expression, the es of the impersonal passive is omitted.

Ex.: Heute Abend wird getanzt.
Im Saale wird musiziert.

In the same case also the impersonals under 4 and 6 often omit es.

8. An impersonal reflexive is used in some expressions:

Es tanzt sich gut hier, it is good dancing here.
Es sitzt sich angenehm hier, it is agreeable to sit here.

Fourth Chapter.

Words without inflection.

§. 23.

Adverbs.

Adverbs originally qualify the *verb* as their name indicates, but they are also used to qualify adjectives and other adverbs; they are also used instead of adjectives.

Ex.: Die Thüre ist zu, the door is shut.
Der Sturm ist vorüber, vorbei, the tempest is over.
Die Kirche (Schule) ist aus, church (school) is over.

A. According to their **meaning** they are divided into:
  I. Adverbs of **Time**, answering to the questions: when? how long? since when? till when? how often?

  heute, to-day   oft, selten
  gestern, yesterday   nie, never
  morgen, to-morrow   jährlich, yearly
  übermorgen   monatlich, monthly
  vorgestern   wöchentlich, weekly
  manchmal, sometimes täglich, daily

  II. Adverbs of **Place**, answering to the questions: where (Lat. ubi and quo), from where?

  hier, da, dorthin, dorther, oben, unten
  here, there, thither, thence, above, below
  hüben, on this side of, drüben, on that side of

  III. Adverbs of **Manner**, answering to the questions how, in what degree?

  gut,   schlecht, schön,   sehr, ziemlich
  well, badly,   beautifully, very, pretty

  Any adjective may be used as an adverb, and most adjectives are adverbs of manner.

  Dieser Knabe zeichnet **sehr gut**.
  Dieses Haus ist **ziemlich** schön.

  IV. Adverbs of **Mood**: allerdings, freilich, of course, naturally, schon.

  Ich werde ihn **schon** finden.
  I am sure I shall find him.

B. According to their **form** they are:
  1. Primitive adverbs (which are now no more recognized as derivatives).

  da, dort } derived from a demonstrative

  hier, her, hin } derived from a demonstrative, comp. the Latin "hic"

  wie, wo, wann } derived from a relative and interrogative root

2. Adverbs from adjectives.
  a. The adj. in its original form: gut, ſchön
  b. the adj. with special terminations:
      ſicherlich, surely; treulich, faithfully
      erſtens, zweitens, brittens
      höchſtens, at most
      minbeſtens, at least
3. Adverbs from nouns.
  a. The gen. case of a substantive.
      morgens, in the morning
      mittags, at noon
      abends, in the evening
      nachts, in the night, R. B. 6, gr. obs. 2
      rings, in a circle, der Ring
      flugs (pr. fluks), in a flight, quickly, der Flug
  b. Substantive and adjective (mostly) in the genitive. Substantives which are used to form adverbial expressions, are principally the following:
    1. Art, Geſtalt, sort, form.
        Er hat ſich berart (bergeſtalt) verletzt,
        daß man für ſein Leben fürchtet.
        He has hurt himself in such a manner, that his life is in danger.
    2. Fall, case.
      keinesfalls (keinenfalls), by no means
      allenfalls, by chance, perhaps
        Sollten Sie ihn allenfalls ſehen, ſo grüßen Sie ihn von mir.
        In case you should see him, remember me to him.
      jebenfalls, at all events
      widrigenfalls, in the contrary case, otherwise
    3. Mal, mark, time.
      vielmals, many times
      jemals, ever
      niemals, never
      einſtmals, once
      manchmal, sometimes
      einmal, once
      keinmal, not, once, never

4. Maße, measure.
   folgendermaßen, in the following way
   einigermaßen, in some degree
   bekanntermaßen, as it is known
5. Ort, place.
   allerorts, everywhere
6. Teil, part.
   einesteils, on one side   andernteils
   meistenteils, mostly
   meinesteils, for my part
7. Weg, way.
   keineswegs, by no means
8. Weile, while.
   einstweilen } meanwhile
   mittlerweile }
9. Weise, manner.
   glücklicherweise, happily
10. Zeit, time.
    allezeit } always
    jederzeit }

c. Substantive and preposition.
   bergauf, bergab, up, down the mountain
   unterwegs, on the road   jahraus, year out
   zuweilen, sometimes   jahrein, year in

d. Substantive in the accusative.
   Schlittschuh laufen, skate
   Schlitten fahren, drive in a sledge
   Kegel spielen, play skittles
   Karten spielen, play cards
   Seil tanzen, dance on the rope
   Schritt fahren, drive at foot pace

4. Adverb compounded with a preposition.
   hinein, hinaus, hinauf, hinunter,
   herein, heraus, herauf, herunter

hin always designates the direction *away from* the speaking person or from the principal thing spoken of; her means *towards* that person or thing. If somebody knocks at the door, one therefore calls: herein.

§. 24.
Prepositions*).
I. Prepositions with the Genitive.

unweit, not far from
mittels(ſt), by means of
kraft, in virtue of
und
während, during

---

laut, according to
vermöge, by dint of
ungeachtet, notwithstanding

---

oberhalb, above
und
unterhalb, below

---

innerhalb, within
und
außerhalb, without

---

diesseit(s), on this side of
jenseit(s), on that side of
halben (halber), for the sake of
wegen, on account of

---

statt, instead of
auch
längs, along ⎫
zufolge, in consequence of ⎬ The three last are also joined with the dative, but zufolge only when it *follows* the substantive.
trotz, in spite of ⎭

II. Prepositions with the Dative.

mit, with
nach, after
nächst, next
nebst, along with
und
samt, along with

---

*) If the prepositions are learned by heart, they should be learned with the interposed conjunctions, so that a kind of verse is ending where there is a horizontal line.

bei, by, near
seit, since
von, of, from
zu, to
zuwider, contrary to, always put after the dependent word

gegenüber, opposite, always put after the dependent word
aus, out
entgegen, against

binnen, in the space of, joined with gen. or dat.

III. Prepositions with the Accusative.

durch, through
für, for
ohne, without
um, about, round

---

sonder, without
gegen (gen), against, towards
wider, against

IV. Prepositions governing the Dative or Accusative.

an, at, on, to
auf, upon
hinter, behind
in, in, into

---

neben, beside
über, over, above, across
unter, under, among

---

vor, before
   und
zwischen, between

☞ If the prepositions under IV are used to indicate *rest* in a place, answering the question "where" (Latin "ubi"), they govern the dative, but if indicating motion, answering the question "whither", they govern the accusative.

Wir sind auf dem Berge.
Wir gehen auf den Berg.
Wir sitzen an dem Tisch.
Wir setzen uns an den Tisch.

Particular Remarks on Prepositions.

a. Contraction of the preposition with the article. Some prepositions are contracted with the dat. sing. of the masc. and neuter article and with the acc. sing. of the neuter.

an dem	= am.	Wir sitzen am Tisch.
an das	= ans.	Wir setzen uns ans Feuer.
auf das	= aufs.	Wir gehen aufs Land (into the country).
hinter dem	= hinterm.	Die Katze liegt hinterm Ofen.
hinter das	= hinters.	Die Kinder laufen hinters Haus.
bei dem	= beim	
durch das	= durchs	
von dem	= vom	
vor das	= vors	
über das	= übers	
zu dem	= zum	
zu der	= zur;	zu is the only preposition contracted with the dat. sing. of the fem. art.

b. **während** and **seit** are also conjunctions; **bis** is properly an adverb and conjunction = as far as, till. It is also used as preposition with the accusative: Bis diesen Augenblick (moment) habe ich keinen Brief erhalten. According to its adverbial nature it is often joined with other prepositions:

Wir gingen (walked) vom Morgen bis (zum) Abend.
Wir begleiteten (accompanied) unseren Freund bis (nach) Koblenz.

c. In German a preposition and an adverb or an accusative and an adverb are often used where in English only a preposition is required:

1. Der Herr warf die Suppe zum Fenster hinaus. R. B. 3.
2. Wir gehen den Berg hinauf (hinunter).
 We go up (down) the hill.

Fifth Chapter.

Syntactical Remarks.

A. On the forms of declension.

§. 25.
Nominative.

1. The Nominative in the case of the *subject*.
    With the imperative the subject is not expressed, if there is no particular stress to be laid on it: gib, gib bu.
2. The substantive of the predicate must be in the nominative after:
    a. fein, werben, heißen, intr., be called, bleiben, remain.
       Bleib bu im ewgen Leben mein guter Kamerab. R. B. 40.
       Note. With werben instead of the predicate in the nominative we often use the preposition zu and the definite article: Er ist zum Bettler geworben, he has become a beggar.
    b. after the passive of those verbs the active of which requires two accusatives:
       nennen, heißen, trans., call, schimpfen, call names, schelten, scold, taufen, baptize.
       Active: Man hat Friedrich ben Zweiten ben Großen genannt.
       Passive: Friedrich ber Zweite ist ber Große genannt worben.

§. 26.
Genitive.

1. *Subjective* genitive.
    The substantive standing in the genitive is the subject which *does* or *has* something.
       Die Liebe bes Vaters (ber Vater liebt).
       Das Haus bes Vaters (ber Vater hat bas Haus).
2. *Objective* genitive.
    The word standing in the genitive is the object.

a. After substantives.

Die Krönung (coronation) des Königs. (Man krönt den König. Der König wird gekrönt. In the passive the grammatical subject is the logical object.)

In many cases instead of the objective genitive one uses a preposition to avoid ambiguity.

Ex.: Die Liebe zum Vater. (Die Liebe des Vaters would be "the father's love".)

If the substantives are formed from verbs requiring a preposition, they must have the same preposition. S. §. 28 a.

Die Erinnerung an den Krieg (ich erinnere mich an den Krieg).

Der Gedanke an Gott (ich denke an Gott).

b. After verbs.
1. anklagen, ⎱ accuse
   beschuldigen, ⎰
   berauben, rob

   Dieser Mann ist des Diebstahls (theft) angeklagt (beschuldigt).

2. sich bedienen, make use of
   sich befleißigen, study, apply one's self to
   Bedienen Sie sich dieser Feder.
   Er befleißigt sich der lateinischen Sprache.

   sich schämen, be ashamed of (also with über and acc.)
   sich erinnern, remember (also with an and acc.)
   sich freuen, enjoy (also with über and acc.)
   sich bemächtigen, take possession of

3. bedürfen, be in want of (also with acc.)
   begehren, wish (also with acc.)
   gedenken, remember (also with an and acc.)
   erwähnen, mention (also with acc.)
   schonen, spare (also with acc.)
   spotten, mock (also with über and acc.)
   vergessen, forget (also with acc.)

   Note. If verbs besides the construction with the genitive admit of another construction, the latter is the more common, whilst the former belongs to an elevated style.

Wir erinnern uns des Krieges (an den Krieg).
Ich erinnere mich dieses Mannes.
Freut euch des Lebens! Enjoy your life.
Die Feinde bemächtigten sich der Stadt. The enemy took possession of the town.
Gedenke mein! Remember me. } §. 13, Ia.
Vergißmeinnicht. Forget-me-not. }

c. After prepositions. §. 24, I.
d. After adjectives.
    bewußt, conscious. Wir waren uns keiner Gefahr (danger) bewußt.
    unbewußt
    eingedenk, mindful. Sei deiner Pflicht (duty) eingedenk.
    uneingedenk
    fähig, capable
    unfähig
    froh, glad
    gewärtig, in expectation of. Der General war des Angriffs (attack) gewärtig.
    kundig, acquainted with. Er ist der englischen Sprache kundig.
    unkundig
    schuldig, guilty
    teilhaftig, partaking of
    überdrüssig, } tired of, also with acc. Der arme
  - müde, } Mann war des Lebens überdrüssig.
    satt, sated, also with acc.
 - wert, worth, also with acc. Ein treuer Diener (faithful servant) ist des Lohnes wert.
 - würdig, worthy, also with acc.
    unwürdig
    mächtig, master of. Ich will der deutschen Sprache mächtig werden.
    habhaft (werden), get possession of. Die Polizei ist des Diebes habhaft geworden.

Note. Of adjectives with a double construction the same is to be said as of the verbs. The construction with the genitive belongs to an older period and therefore to a more elevated style, s. b, 3, N.
Es ist nicht der Mühe wert, it is not worth while.
Eigner Herd (hearth) ist Goldes wert.
In many sayings the older language is retained.

3. *Partitive* genitive.
   a. After nouns, indicating measure, weight, number and quantity the noun which designates the substance of which *a part* is taken, is not put in the genitive, as it might be expected, but treated, as if nothing were preceding.

   N. eine Flasche Wein, eine Flasche guter Wein
   G. einer Flasche Wein, einer Flasche guten Weines
   D. einer Flasche Wein, einer Flasche gutem Wein
   A. eine Flasche Wein, eine Flasche guten Wein

   If the noun is accompanied by a pronoun, the preposition von is used:

   Geben Sie mir eine Flasche von diesem Wein.

   Similar expressions are:

   fünf Minuten Aufenthalt (stay)
   fünf Jahre Gefängnis (prison)
   Anfang Juli, Mitte Juli, Ende Juli
   ein wenig Wein, ein bißchen Wein
   viel Wein, genug Wein, etwas Wein

   The genitive in such expressions is only met with in a higher style.

   Laß mir den besten Becher Weins in purem Golde reichen.

   Let the best goblet of wine be given me in pure gold.

   b. After numerals.
   unser einer, one of us
   Wir waren unser fünf, there were five of us.

4. Qualitative genitive.
   Dieses Wort ist französischen Ursprungs.
   This word is of French origin.
   Er ist gutes Mutes, he is in a good humour.
   Er ist guter Dinge, he is in good spirits.

5. Adverbial use of the genitive. S. §. 23, 3, a and b.
   eines Tages
   morgens
   mittags
   abends
   nachts (Is there such a genitive of die Nacht?
   s. R. B. 6, gr. obs. 2.)

Ich gehe meines Weges.
Er ermahnte mich alles Ernstes, he exhorted me very earnestly.
Hungers sterben, die of hunger.

§. 27.
Dative.

The dative is the case of the *indirect* object.
1. *Dative* with verbs.
   a. Many *transitive* verbs take besides their direct object in the accusative an indirect one in the dative.

   Ich gebe dem Knaben das Buch.
   Dieser Mann zeigte mir den Weg.

   b. The dative with *intransitive* verbs designates the person which is in any way affected by the action expressed by the verb.

	begegnen, meet	5. helfen, help
1.	danken, thank	6. nützen, be useful
2.	dienen, serve	schaden, hurt
3.	drohen, threaten	schmeicheln, flatter
	gehorchen, obey	7. trauen, trust
4.	folgen, follow, obey	trotzen, defy

   If the verbs 1, 2, 3, 4, 5, 6 and 7 have the prefix „be": bedanken, bedienen, bedrohen, befolgen, behelfen, benutzen, betrauen, they become transitive; bedanken and behelfen only take a reflexive object.

   Er droht mir.
   Er bedroht mich.
   Ich bedanke mich, I thank.
   Ich behelfe mich, I make shift.

   Of intransitive verbs only an impersonal passive can be formed: es wird gedroht, somebody threatens. See about the impersonal passives mostly used §. 22, 7.

   c. Sometimes the dative is used in German where in English not a dative, but just the opposite is expressed by the preposition "from".

Die Diebe haben mir mein Geld gestohlen, sie haben mir alles genommen.

The thieves have stolen all my money *from* me, they have taken everything from me.

einem etwas verheimlichen, conceal from

einem entgehen, escape from. R. B. 37, IV.

2. *Dative after* adjectives.

ähnlich, similar.	Das Kind ist seiner Mutter ähnlich.
angemessen, fit.	Der Lohn ist dem Dienste angemessen.
dankbar, grateful.	Ihr Kinder, seid eueren Eltern dankbar.
nützlich, useful.	Die Haustiere sind dem Menschen sehr nützlich.
nötig, necessary.	Ruhe ist dem Kranken sehr nötig.
angenehm, agreeable.	Ihr Besuch (visit) ist mir sehr angenehm.
nahe, near.	
willkommen, welcome.	Der Regen war den Bauern willkommen.

3. *The English often use* a possessive pronoun or a genitive where in German the dative is employed.

Dieser Mann steht mir im Wege.

This man stands in my way.

Der Hahn setzte sich der Katze auf den Kopf.

The cock perched on the cat's head. s. R. B. 36.

4. Falle mir nicht, do not fall.

Vergiß mir deine Aufgabe (lesson) nicht.

In the last examples the dative is used to show that the speaking person is interested in what the other person is doing.

§. 28.

Accusative.

The accusative is the case of the *direct* object.

1. The accusative stands after all transitive verbs.
2. Intransitive verbs sometimes have an "interior" object:

er schläft einen langen Schlaf

er kämpft einen guten Kampf (combat)

The meaning of the verb is once more expressed in the substantive.

3. a. In a similar manner an intransitive verb may be followed by an accusative, which takes the place of an adverb.

Dort saß ein stolzer König, an Land und Siegen reich,
Er saß auf seinem Throne, so finster und so bleich;
Denn was er sinnt, ist Schrecken, und **was er blickt,**
  ist Wut,
Und was er spricht ist Geisel, und was er schreibt,
  ist Blut.

b. An intransitive verb may also be followed by a reflexive object and an adjective to designate the state into which one is brought by the action of the verb.

Er lacht sich halb tot.
He laughs himself half dead.
Er hat sich tot gearbeitet.
He has worked himself to death.
Er hat sich arm gespielt.
He has ruined himself by gambling.

4. Two accusative are governed by

a. heißen, } call
   nennen, }
schimpfen, call names
schelten, scold
taufen, baptize

The second accusative is not an object, but a factitive predicate. With some verbs this predicative apposition is expressed by a substantive with a preposition:
machen zu, make
erwählen zu, elect
ernennen zu, appoint

Die Deutschen erwählten (ernannten, machten) Heinrich I. zum König.

If these verbs are used in the passive, both accusatives become nominatives. S. §. 25, 2, b.

b. fragen, ask

Der Lehrer fragt den Schüler die Wörter.
lehren, teach

Der Lehrer lehrt den Schüler die deutsche Sprache.
Here both accusatives designate objects.

If these verbs are used in the passive, the *person* is put in the nominative, but the *thing* which one is taught or asked, remains in the accusative.

   Der Schüler wird die Wörter gefragt.
   Der Schüler wird die deutsche Sprache gelehrt.

5. Accusative after prepositions. S. §. 24, III and IV.
6. Accusative after adjectives.
   los, rid of
      Ich bin den lästigen (troublesome) Gast los.
   gewahr, aware
   satt, sated
   überdrüssig, tired of
   After these adjectives in elevated style also the genitive is put, s. §. 26, e.
   zufrieden, satisfied, is joined with the neuter of pronouns:
      Ich bin es zufrieden.
   I have no objection to it.
      Er ist alles zufrieden.
   He does not object to anything.
7. The accusative stands after the question "when?" and is used to express measure and extent of space and time.
      Diese Mauer ist einen Meter hoch.
      Der Kranke hat zwei Stunden geschlafen.
      Er ist fünf Wochen verreist gewesen.
      Der Storch kommt jedes Jahr in sein altes Nest zurück.
      Ich habe jeden Tag oder einen Tag um den andern (every other day).

If duration of time is expressed, the adverb lang is often added.
      Die Griechen belagerten die Stadt Troja zehn Jahre lang.
      The Greeks besieged the town of Troy for ten years. See also §. 23, 3, d.

8. Absolute use of the accusative.
      Die Soldaten standen da, das Gewehr bei Fuß (add habend).
9. Adverbial use of the accusative. §. 23, 3, d.

§. 26 a.

The object of verbs and adjectives is often not expressed by a mere case, but by a case depending on a preposition.

1. Verbs with prepositions.

abreſſieren	**an** w. acc.,	direct to
benken	an » »	think of
ſich gewöhnen	an » »	accustom one's self to
ſich wenden	an » »	apply to
glauben	an » »	believe in
ſchreiben	an » »	write to
teilnehmen	an w. dat.,	take part in
zweifeln	an » »	doubt
verzweifeln	an » »	despair of
ſich rächen	an » »	revenge on
achtgeben	**auf** w. acc.,	pay attention to
ſich verlaſſen	auf » »	rely on
antworten	auf » »	answer
(ich antworte	**auf** beinen Brief)	
(ich antworte	**dir**)	
vertrauen	auf w. acc.,	trust to
warten	auf » »	wait for
zählen	auf » »	count upon
bürgen	**für**,	bail, answer for
ſorgen	für,	take care of
halten	für,	consider, think
anfangen	**mit**,	begin with
vereinigen	mit,	join
ſprechen	mit,	speak to
(also transitive: ich wünſche Herrn N. zu ſprechen)		
zielen	**nach**,	aim at
ſtreben	nach,	aspire to
fragen	nach,	ask for
ſich ſehnen	nach,	long for
ſich erkundigen	nach,	enquire about (of = bei)
urteilen	**über** w. acc.,	judge of
klagen ſich beklagen }	über » »	complain of
lachen	über » »	laugh at
ſpotten	über » »	mock at

sich wundern	über	w. acc.,	wonder at
sich freuen	über	» »	rejoice at
nachdenken	über	» »	} reflect on
sich besinnen	über	» »	
sich schämen	über	» »	be ashamed of
sich ärgern	über	» »	be vexed at
sich bekümmern	um,		care for
bitten	um,		ask for
sich bewerben	um,		apply for
sprechen	von,		speak of
befreien	von,		liberate from
sich fürchten	vor	w. dat.,	be afraid of
sich hüten	vor	» »	beware of

For remarks on some of these verbs, see §. 26.

2. Adjectives with prepositions.

reich	an	w. dat.,	rich in
achtsam	auf	w. acc.,	careful of
stolz	auf	» »	proud of
eitel	auf	» »	vain of
nachlässig	in	w. dat.,	negligent of
unwissend	in	» »	ignorant of
bange	vor	» »	afraid of
froh	über	w. acc.,	glad of
zweifelhaft	über	» »	dubious of
empfindlich	über	» »	sensible of
empfänglich	für,		susceptible of
höflich	gegen,		polite to
gleichgiltig	gegen,		indifferent to
grausam	gegen,		cruel to
zufrieden	mit,	}	content with
unzufrieden	mit,		
fähig	zu,		capable of

About froh and fähig, s. §. 26, e.

B. On forms of Conjugation.

§. 29.

Tense.

The use of the tenses in German generally corresponds with the English.

There are only a few remarks necessary.
1. The *Present* is used in German to designate an action which was begun in the preterit and is still continued in the present.

Ich wohne in diesem Hause 10 Jahre.
I *have* lived ten years in this house.
Ich bin eine Stunde auf.
I have been up an hour.

In the same manner the preterit often stands where in English the pluperfect is used.

Wir waren schon lange da, als das Schiff ankam.
We had already been there a long time, when the ship arrived.

The German present *often* stands for the future.

Ich komme morgen zu dir.
Nächste Woche gehen wir nach Paris.

2. *Preterit.* The preterit is used to relate an action which is passed, *in connection* with others, therefore it is mostly used in history and stories.

Der Rabe flog auf eine Eiche, der Fuchs kam u. s. w.
Examine from this point of view the stories of the Reading Book.

3. *Perfect.* The perfect implies that an action has taken place, without reference to any other action.

Kolumbus hat im Jahre 1492 Amerika entdeckt.
Columbus *discovered.*

The sentence „Kolumbus entdeckte Amerika" would imply a reference to another event of that time.

The German perfect is very often employed, where in English the preterit must be used.

4. *Future.* The Future and Second Future is often used to express probability.

Man hat von dem Schiffe nichts mehr gehört, es wird untergegangen sein.
The ship has not been heard of for a long time, I dare say she has foundered.
Wieviel Einwohner hat diese Stadt?
How many inhabitants has this town?
Sie wird ungefähr 50000 haben.
I dare say it has about 50 000.

§. 29a.
Person and Number.

1. Person. If among the subjects there is the *first* person, the verb is put in the *first* person *plural*, if there is no first, but a *second* person, the verb is put in the *second* plural.

>Du und ich gehen spazieren.
>Du und er geht hinaus.

2. Number.
    a. If the subject consists of several substantives in the singular, the verb is put in the plural.
    >Die Eiche, die Buche und die Birke sind Waldbäume.
    b. Often two substantives are considered as one:
    >Kummer und Elend (sorrow and misery) hat ihn alt gemacht.
    c. A collective noun takes the verb in the singular, but if the substantives, constituting the number, are mentioned, the verb is generally put in the plural:
    >Die Familie ist auf dem Lande.
    >Die Familie ist in Trauer (mourning).
    >Ein Paar Tauben sitzen auf dem Dache.
    >Eine Menge (crowd) Menschen umstand(en) das Haus.
    d. After the subjects es, dies, das, welches (§. 13, g), if they point to a following plural, the verb is put in the plural:
    >Das sind meine Freunde.

§. 30.
Mood.

The Indicative is the mood of actuality and objectiveness.
The Subjunctive expresses a thought as a mere thought, whether reality is corresponding with this thought or not.

Use of the Subjunctive.
A. Subjunctive in independent sentences.

1. Optative and Imperative.
    a. Es lebe der König! Long live the king!
    b. O daß doch mein Vater noch lebte!
    c. Der Knabe schweige, the boy shall be silent.

a. The subjunctive present expresses a wish which can be fulfilled.
 b. The subjunctive preterit designates a wish which cannot be or is hardly expected to be fulfilled.
 c. S. §. 17, Note 1.

 For a and b one often uses a circumscription with mögen and sollen.

> Der König soll leben!
> O möchte doch mein Vater leben!

2. Concessive.

> Der General will den Feind angreifen, er sei, wo er wolle (be he where he may).

B. Subjunctive in conditional sentences.

In conditional sentences the *subjunctive preterit* is used, if the condition is in opposition to reality.

> Wenn ich nicht Alexander wäre, möchte ich Diogenes sein.
> Wenn du auch eine schöne Stimme hättest, würde man dich zum König der Vögel wählen.

In the *principal* sentence a circumscription with würde is sometimes employed, s. §. 15, 3. In the *subordinate* sentence that circumscription is never to be used.

> Wenn ich Zeit hätte, würde ich spazieren gehen (ginge ich spazieren).

C. Subjunctive of indirect statement.

To express a thought *indirectly*, as reported or contemplated by somebody, the subjunctive is used. To make this clear we distinguish the *person* and *tense* of the governing verb. Suppose we have the

I. First person singular or plural
    (we express our own thoughts)

and a. the verb stands in the present.

 1. Ich melde (wir melden), daß der Feind abzieht (withdraw).
 2. Ich wünsche (wir wünschen), daß dein Bruder kommt (komme).

Supposing b. the verb to be in the preterit.

 1. Ich meldete (wir meldeten), daß der Feind abzöge or abziehe.
 2. Ich wünschte (wir wünschten), daß dein Bruder käme.

a. If the verb is in the *present*, the *indicative* is always *right*, only if a *wish, intention* or *command* is to be expressed, the subjunctive may be used, especially in a higher style.
b. If the verb is in the *preterit*, the *subjunctive* is always *necessary* after all verbs meaning "thinking" and "uttering the thoughts"; after verbs expressing quite a certain knowledge the indicative is used.

Note. Sometimes we may put the indicative or subjunctive.

Ex.: Ich wußte, daß Du in der Stadt **wärest** or **warst**.

The subjunctive states that I have been *thinking* where he might be, the indicative states the *fact*, and that the fact was known to me.

II. Suppose the verb to be in the second or third person (we relate the thoughts of others).
 1. Du sagst (ihr sagt, sie sagen), daß Du viel gearbeitet **habest (hättest)**.
 2. Dein Freund sagte, daß er Dich gesucht **habe (hätte)**.

If we relate the thoughts of others, we must always use the subjunctive, when we make their words depend on a verb. This is called the *indirect* style.

D. Tense of the Subjunctive.

In the subjunctive the difference of tense is not so decided as in the indicative.

This will be seen by the following examples:

Direct style.   Present.   Indirect style.

Der Bote meldet (meldete):

1. „der Feind **zieht** ab"   der Feind ziehe (zöge) ab

Preterit.

2. „der Feind **zog** ab"   der Feind sei (wäre) abgezogen

Perfect.

3. „der Feind **ist** abgezogen"   der Feind sei (wäre) abgezogen

Pluperfect.

4. „der Feind **war** abgezogen"   der Feind sei (wäre) abgezogen gewesen

Future.

5. „der Feind **wird** abziehen"   der Feind werde abziehen

1. In the plural of the present there is no difference between the indicative and subjunctive in the strong and weak conjugation.
2. In the weak conjugation there is no difference between preterit indicative and subjunctive.
   1. Der Bote meldet, die Feinde ziehen ab. This ziehen is not to be recognized as subjunctive, and therefore the preterit zögen is preferable.
   2. Der Bote meldete, der Feind suchte uns zu umgehen (turn); suchte may be indicative or subjunctive, therefore we better put the present: der Feind suche uns zu umgehen.

The sentence „der Bote meldet, daß der Feind abzieht" is also right. This is not a contradiction to the rule given under II.

This sentence means properly: The enemy withdraws, which is announced by the messenger, but if we say: Der Bote meldet, daß der Feind abziehe, we designate this as a thought of the messenger and transfer the whole responsibility on him.

Note. The *Imperative* of direct style must be circumscribed in the indirect with sollen and mögen.

Direct: Der König sprach zu dem Pagen: „Rufe mir den Sänger".
Indirect: Der König sprach zu dem Pagen, er solle ihm den Sänger rufen.

§. 31.
Voice.

Instead of the passive the reflexive is often used.

Der Elephant findet sich in Asien und Afrika.

The reflexive is also used instead of an impersonal passive.

Es tanzt sich gut hier.

Es sitzt sich angenehm hier. s. §. 22.

§. 32.
Infinitive.

The infinitive is a verbal noun and may be used with or without the article. It is a neuter and declined according to the general rules.

schreiben, write
das Schreiben, writing, letter
Ihr Schreiben, your letter

Der Inhalt Ihres Schreibens.
The contents of your letter.

The preposition zu, to, which is frequently employed with the infinitive, properly indicates a motion towards a point, and so it is often used, but often a motion is not to be recognized.

Ich habe Luft zu schlafen.
I am inclined to sleep.

1. Infinitive as *subject* without zu or with it.
Irren ist menschlich, Vergeben ist göttlich.
To err is human, to forgive divine.
2. Infinitive without zu as *object* after the modal auxiliaries §. 19 and as *secondary* object after the following.

heißen, bid, order. Ich heiße ihn schreiben.
helfen, help. Ich helfe dir arbeiten.
hören, hear. { Ich höre dich lesen.
　　　　　　　 Wir hören die Vögel singen.
sehen, see. { Du siehst mich schreiben.
　　　　　　 Wir sehen die Sonne aufgehen.
fühlen, feel. Ich fühle dein Herz klopfen.
lehren, teach. Der Lehrer lehrt den Schüler lesen.
lassen, let, cause. { Der König läßt den Müller kommen. R. B. 12.

Instead of the past participle of these verbs (exc. fühlen) in connection with an infinitive the infinitive is used. §. 19 b.

Ex.: Ich habe ihn arbeiten heißen.
Er hat mir arbeiten helfen.
Wir haben ihn rufen hören.
Ich habe den Ballon steigen sehen.

With helfen, lehren, lernen both forms are right.
Ich habe ihm arbeiten helfen or geholfen.
Er hat mich schreiben lehren or gelehrt.

With fühlen we use a subordinate sentence:
Ich habe gefühlt, wie das Herz klopfte.

After hören, sehen and fühlen the infinitive is closely related to a participle present.

hören,
lassen, } take also an infinitive as *only* object.
sehen,

Ich höre rufen, I hear (somebody) call.
Ich höre schellen, I hear (somebody) ring the bell.
Der König läßt befehlen, the king commands.

Often an accusative depends on such an infinitive: Ich sah das Tier töten, I saw that the animal was killed. Here the infinitive becomes almost passive and therefore one may add von: Ich sah das Tier von dem Metzger töten.

3. A peculiar use of the infinitive as object is that after the verb haben:
   Du hast gut lachen.
   It is all very well for you to laugh.

4. a.. Infinitive with zu as object after the verbs:
haben.	Wir haben zu arbeiten.
wünsche, wish.	Was wünschest Du zu essen?
beabsichtige, intend.	Er beabsichtigt zu verreisen.
begehren, wish.	
versuchen, try.	Er versucht Schlittschuh zu laufen.
beginnen, anfangen, } begin.	Das Kind fängt an zu laufen, zu sprechen.
aufhören, cease.	Es hört auf zu regnen, zu schneien, zu donnern.

   b. as second object with a personal object after verbs signifying command, permit, forbid and the like.
bitten, bey, ask.	Er bat mich, zu ihm zu kommen.
erlauben, allow, permit.	Der Vater erlaubt uns, in dem Rheine zu baden (bathe).
befehlen, gebieten, } order.	Der General befahl den Soldaten, die Stadt zu beschießen.

   c. after adjectives.
bereit, ready	leicht, easy
fähig, capable	schwer, difficult
unfähig	angenehm, agreeable
möglich, possible	nützlich, useful.
unmöglich	

   Die Uhr zeigt mir, daß ich zu jeder Stunde bereit sein muß, für Ew. Majestät zu sterben. R. B. 22.

5. Infinitive in the sense of a present participle.
   Ich gehe (reite, fahre) spazieren.
   Das Büblein blieb an dem Baume hängen. R. B. 39.
   Das Schiff bleibt (remains) vor Anker liegen.
   Dieser Winzer (vine-dresser) hat viel Wein im Keller liegen.

6. Infinitive with zu
    a. as attribute after a noun.
        Die Kunst zu singen.
        Die Erlaubnis auszugehen.
    b. as predicate after sein, where in English mostly the passive is used.
        Hier ist viel zu sehen.
        Diese Aufgabe ist zu lösen.
        This problem must or can be solved.

    Out of this infinitive with zu a participle has been formed:
        eine zu lösende Aufgabe,
        a problem which can or must be solved.
    This participle is only used attributively.
7. Infinitive with zu after the prepositions ohne, um, statt.
        Er ging weg, ohne Abschied zu nehmen (without taking leave).
        Der Rabe flog mit dem Stück Käse auf eine Eiche, um es zu verzehren. R. B. 1.
8. Everything depending on an infinitive must precede it.
        Wir beabsichtigen, diesen Sommer eine Reise nach Schottland zu machen.

§. 33.
Participles.

The participles are verbal adjectives.
1. The participle *present* of all verbs has an active meaning, it is used as any other adjective.
2. The participle *past* of *transitive* verbs has a passive meaning and is used attributively:
        eine gefällte Eiche, a felled oak;
        ein verzaubertes Schloß, a bewitched castle.
3. The participle past of *intransitive* verbs which are conjugated by sein, has the meaning of a perfect active and is used attributively:
        die verwelkte Blume, the faded flower;
        die verflossene Woche, the passed week.

4. The past participle of *intransitive* verbs which are conjugated by haben, is not to be used without the auxiliary.
Exc.: Dieser Mann ist ein gedienter Soldat.
This man has served as a soldier.
5. Special use of the participle past.
   a. Ein Pferd kommt gesprungen.
      Ein Vogel kommt geflogen.
      Here the past participle has the meaning of the participle present.
   b. Frisch auf! Matrosen (mate), die Anker gelichtet! (lichten, weigh).
      Here the part. past stands instead of an imperative.

§. 84.
Conjunctions.
Conjunctions either connect words or sentences.
1. Sentences are either *principal* or *subordinate*.
   A subordinate sentence takes the place of a
   1. subject, 2. object, 3. attribute, 4. adverb.
      1. Daß ihr mir helfet, ist mir erfreulich.
      2. Hört ihr, wie die Kornmäuse pfeifen? R. B. 10.
      3. Der Hund glaubte einen anderen Hund zu sehen, der ein Stück Fleisch zwischen den Zähnen trage. R. B. 7.
      4. Als sie mitten im Wasser waren, tauchte der Frosch unter. R. B. 21.
2. The conjunctions which connect *principal* sentences, are called coordinating conjunctions, and those connecting *principal* sentences with *subordinate* ones are called *subordinating* conjunctions.

I. Coordinating conjunctions.
1. *Copulative.* Principally: und, and
   auch, also
   nicht nur — sondern auch, not only — but also
   außerdem, besides
   erstlich, dann, ferner, endlich, firstly, then, further, finally,
   erstens, zweitens, drittens u. s. w., schließlich, finally
   weder — noch, neither — nor
   teils — teils, partly — partly
   bald — bald, now — now, sometimes — sometimes

2. *Adversative.* Principally: **aber**, but
    doch, jedoch, dennoch, yet, however, dessenungeachtet, notwithstanding
    allein, but, dagegen, hingegen, on the contrary
    nicht — sondern, not — but
3. *Disjunctive:*
    entweder — oder, either — or
4. *Causative* and consecutive. Principally: **denn**, for
    also, folglich, mithin, somit, sonach, demnach, consequently
    daher, darum, deshalb, deswegen, therefore

II. Subordinating conjunctions.

1. *Substantival* sentence (subject or object)
    daß, that. Wir wissen, **daß** die Erde rund ist.
    ob, if. Man weiß noch nicht, **ob** das Schiff in New=York angekommen ist.
    (ob — oder, whether — or)
    wie, how. Ich weiß nicht, **wie** ich die Aufgabe machen soll.
2. *Attributive* sentence.
    wie, how, as. Die Art und Weise, wie das Feuer entstanden ist, ist noch unbekannt.
    Attributive sentences are mostly formed with relative pronouns and pronominal adverbs.
3. *Adverbial* sentence.
   1. *Place:* wo, wohin, woher, where, from where. **Wo** der Neckar in den Rhein mündet, liegt Mannheim.
   2. *Time:*
      als, when.   { **Als** (nachdem) die Bremer Stadt=
      nachdem, after.   musikanten gegessen hatten, löschten
                         { sie das Licht aus. R. B. 36, 6.
      wenn, when. Die Wölfe sind gefährlich, **wenn** sie hungrig sind.
      während, while, seit, seitdem, since
      bis, till, ehe, bevor, before
   3. *Cause:*
      weil, because, da, as
   4. *Condition:*
      wenn, falls, wofern, if
   5. *Consequence:*
      daß, so daß, that
      Die Tiere schrieen **so** laut, **daß** die Räuber entsetzt aufsprangen. R. B. 36, 5.
   6. *Intention:*
      daß, damit, that
      auf daß
      Der Fuchs schmeichelte dem Raben, damit er den Käse bekäme. R. B. 1.

7. *Concession:*
   obgleich, obschon, obwohl, ob zwar, wenn auch, wenn gleich, wenn schon, wiewohl, although
8. *Comparison:*
   wie, sowie, gleichwie, like, as; als, als ob, als wenn, wie wenn, as if
   Thomas hob die Kirschen so gierig auf, **als ob es Gold wäre**. R. B. 30.
9. *Proportion:*
   je — desto
   Je mehr man lernt, **desto** mehr sieht man, wie wenig man weiß.
   The more we learn, the more we see how little we know.
10. *Manner:*
    indem, mostly expr. by a participle
    Der Fuchs erlangte den Käse, **indem** er dem Raben schmeichelte. R. B. 1.
    so daß, that, ohne daß, without

The coordinating conjunctions all cause the inversion (the verb precedes the subject), exc. und, aber, denn, sondern.

Note 1. The conjunctions und, denn, sondern stand always (aber mostly) at the beginning of the sentence. They cause the inversion only when the subject does not immediately follow them.

1. Der Rabe hat den Käse gestohlen, aber der Fuchs hat ihn gefressen.
2. Der Rabe hat den Käse gestohlen, aber gefressen hat ihn der Fuchs.

Aber may be put at any other point of the sentence, but then it loses of its strength.

Der Rabe hat den Käse gestohlen, der Fuchs aber hat ihn gefressen.

The subordinating conjunctions remove the verb to the end. s. R. B. 3, gr. obs. 3.

Note 2. If in an adverbial sentence the conjunctions wenn, falls, if, are left out, the arrangement of words is the same as in a question.

Wenn der Fuchs hungrig ist, so frißt er Mäuse.
Ist der Fuchs hungrig, so frißt er Mäuse.
Wenn die Katze fort ist, so tanzen die Mäuse.
Ist die Katze fort, so tanzen die Mäuse. R. B. 3, gr. obs. 3.
Formerly one therefore used to put the sign of a question.
Wenn es regnet, so bleiben wir zu Hause.
Regnet es? so bleiben wir zu Hause.

Reading Book.

1. Der Rabe*) und der Fuchs.

1. Ein Rabe hatte ein Stück Käse gestohlen. 2. Er flog damit auf eine hohe Eiche, um es zu verzehren. 3. Ein Fuchs sah den Raben. 4. Er kam herbei und sagte: „O Rabe, du bist der schönste Vogel. 5. Dein Gefieder ist glänzend schwarz. 6. Wenn du auch eine schöne Stimme hättest, würde man dich zum König der Vögel wählen". 7. Der Rabe freute sich darüber und wollte seine Stimme hören lassen. 8. Er öffnete den Schnabel, der Käse fiel hinunter, und der Fuchs fraß ihn auf.

a. *Words.*
1. der Rabe, raven, das Stück, der Käse, cheese, ein Stück Käse, ein Stück Brot, ein Glas Wasser, ein Pfund Kaffee u. s. w. (und so weiter, and so on), stehlen**) (a, o), steal.
2. fliegen (o, o), fly, damit, with it, die Eiche, oak; um zu before an infinitive mostly designates intention: **Man ißt, um zu leben, aber man lebt nicht, um zu essen**; verzehren, eat up.
3. der Fuchs, sehen (a, e), see, das Gesicht, face, seeing.
4. kommen (a, o), come; schön, beautiful, schönst? der Vogel, bird.
5. das Gefieder, plumage, die Feder; der Berg, mountain, das Gebirg.
6. der König, king, die Königin; wählen, elect, die Wahl, der Wähler.
7. sich freuen, rejoice §. 21, darüber? er will seine Stimme hören lassen, he will let his voice be heard.
8. öffnen, open, die Öffnung, offen; der Schnabel, beak; fallen (ie, a), der Fall; hinab? fressen (a, e), eat. State the imperative after §. 16, III: **Vogel friß oder stirb**; er, seiner, ihm, ihn.

b. *Grammatical* observations and exercises.
1. Look for the declension of the definite and indefinite article in §. 7 and of every substantive of the story 1 in §. 8.
2. Conjugate the present and preterit of fliegen, fallen and fressen after the examples given in §. 17 and the remark in §. 16, III.
3. König, Königin, pl. Königinnen. By the termination „in" feminines are formed from masculine words. Koch, Köchin;

---

*) The e in unaccented syllables designates a sound approaching that of u in "but", s. §. 4, 5.
**) After strong verbs the vowels of the preterit and past participle are added in brackets; verbs to which nothing is added, are weak.

form feminines of ber Bär, ber Wolf, ber Fuchs and ber Löwe and put them in the plural.

4. *Questions. Every question is to be answered in a full sentence.*
1. **Wer** (who) hatte ben Käse gestohlen?
2. **Was** (what) hatte ber Rabe gestohlen?
3. **Wohin** (whither) flog ber Rabe?
4. **Warum** (why) flog er auf bie Eiche?
5. **Wer** hörte bie Stimme beß Raben?
6. **Was** sagte er?
7. **Was** wollte ber Fuchs?
8. **Wie** bekam er ben Käse?
How did he get the cheese?

5. 1. Write the story 1, putting instead of every *preterit indicative* the *present indicative*.
2. Write an answer to the questions, without looking at the story.

2. Der Fuchs.

1. Der Fuchs ist so grofs wie ein Spitzhund. 2. Die Farbe des Fuchses ist rotbraun. 3. Der Bauch und die Kehle des Fuchses sind weifs. 4. Der Kopf ist sehr zugespitzt. 5. Die Ohren sind spitz, die Augen liegen schief. 6. Die Zähne des Fuchses sind sehr scharf. (Das Gebifs des Fuchses ist sehr scharf.) 7. Die Beine sind schlank, die Füfse schwarz. 8. Der Schwanz des Fuchses ist lang und zottig. 9. Der Fuchs lebt in den Wäldern. 10. Er gräbt sich eine Höhle. 11. Er frifst Hasen, Gänse, Enten, Hühner, Fische, Eier und Früchte. 12. Wenn er sehr hungrig ist, frifst er auch Mäuse. 13. Der Jäger schiefst den Fuchs. 14. Der Pelz des Fuchses ist sehr gut.

a. *Words.*
1. **so groß wie**, as large (tall, great) as; ber Spitzhund, Pomeranian dog.
2. bie Farbe, colour, färben, dye, ber Färber?
3. ber Bauch, belly; bie Kehle, throat.
4. ber Kopf, head; zugespitzt, pointed, spitz, spitzen; bie Ohren spitzen = be very attentive.
5. das Ohr, ear; das Auge, eye; liegen (a, e) lie, bie Lage, legen, lay; schief, oblique, slanting.
6. ber Zahn, tooth, bie Zähne = das Gebiß, set of teeth, beißen, bite; scharf, sharp, schärfen.
7. das Bein, leg; schlank, slender; ber Fuß, foot; schwarz, black, schwärzen (Farbe — färben).
8. ber Schwanz, tail; zottig, shaggy.
9. leben, live, das Leben, lebendig, alive §. 4, 3. Der Wald, wood, forest, ber Forst, ber Förster?

10. graben (u, a), dig, er gräbt sich, he digs for himself; das Grab, tomb, der Graben, ditch; die Höhle, hole, hohl?
11. der Hase, hare; die Gans, goose; die Ente, duck; das Huhn, hen; der Fisch; das Ei, egg; die Frucht, fruit.
12. wenn, if; die Maus.
13. der Jäger, hunter, die Jagd, jagen; schießen (o, o) shoot, der Schuß.
14. der Pelz, fur.

b. *Grammatical* observations and exercises.
1. Decline every substantive in 2, looking on account of das Ohr and das Auge at §. 8b, 1.
2. Is the adjective changed, if used predicatively? s. §. 12, I, 5.
3. Which substantives in 2 follow the weak declension?
4. *Questions:*
   1. Wie groß ist ein Fuchs?
   2. Welche (which) Farbe hat ein Fuchs?
   3. Wie ist sein Kopf?

   ich — mein
   du — dein
   er — sein
   sie — ihr
   es — sein
   wir — unser
   ihr — euer
   sie — ihr
   } These possessive adjectives are declined like the indefinite article. s. §. 13, II.

   5. Wie sind die Ohren des Fuchses?
   6. Wie liegen die Augen des Fuchses?
   7. Wie sind die Zähne des Fuchses?
   8. Wie sind die Beine und Füße des Fuchses?
   9. Wie ist sein Schwanz?
   10. Wo lebt der Fuchs?
   11. Was frißt er?
   12. Frißt er auch Mäuse?
   13. Wer schießt den Fuchs?
5. Write an answer to the questions without looking at 2.

3. Das Mittagessen im Hofe.

1. Ein Herr war sehr launisch. 2. Eines Tages kam er sehr ärgerlich nach Hause. 3. Er wollte essen, aber die Suppe war zu heiß. 4. Er nahm die Schüssel und warf sie zum Fenster hinaus. 5. Dann brachte der Diener den Braten. 6. Als er sah, was sein Herr gethan hatte, warf er das Fleisch, das Brot, den Wein, Messer, Gabel und Löffel und das Tischtuch auch zum Fenster hinaus. 7. Da schrie der Herr zornig: „Was machst du denn?" 8. Der Bediente erwiderte ruhig: „Verzeihen Sie, ich glaubte, Sie wollten heute im Hofe speisen."

9. Der Himmel ist heiter, der Apfelbaum steht in voller Blüte, und die Bienen halten ihr Mittagsmahl". 10. Der Herr erkannte seinen Fehler und besserte sich.

a. *Words.*

1. der Herr, master, gentleman; Herr N., Mr. N. s. §. 8a, N. 1. launisch, capricious, die Laune.
2. eines Tages, one day, which case? ärgerlich, angry, der Aerger; nach Hause?
3. die Suppe? heiß, hot, die Hitze, heizen.
4. nehmen (a, o), take. Imperative? die Schüssel, dish, terreen. werfen (a, o), throw. Imperative? zum Fenster hinaus, out of the window.
5. bringen §. 17, 7 b; der Braten, roasted meat, braten (ie, a), roast.
6. sehen (a, e), see, Imper.? thun, that, gethan, do; das Brot, bread, der Wein; das Messer, knife; die Gabel, fork; der Löffel, spoon; das Tischtuch, table-cloth.
7. schreien (ie, ie) scream; das Geschrei, cries; zornig, angry, der Zorn?
8. der Bediente = der Diener, dienen; antworten, answer, die Antwort; ruhig, quiet, calm; die Ruhe, ruhen, rest; verzeihen (ie, ie), pardon; glauben, believe, think; heute, to-day, gestern, vorgestern, morgen, übermorgen; der Hof, yard, court.
9. der Himmel, sky; der Apfelbaum, apple-tree; die Blüte, blossom; voll, full; stehen, stand, gestanden, stand; die Biene, bee; das Mahl, meal.
10. erkennen, know, §. 17, 7; sich bessern, correct one's self.

b. *Grammatical* observations and exercises.

1. eines Tages, one day. Remark that the genitive is often used to form adverbs and adverbial expressions: eines Abends, eines Morgens. §. 26, 5.
2. Look if there is in all sentences of 3 the same position of words as in English.
3. *German position of words.*

I. Principal sentences.

1. Ein Rabe trug (carried) den Käse auf die Eiche.
2. Es trug ein Rabe den Käse auf die Eiche.
3. Den Käse trug ein Rabe auf die Eiche.
4. Auf eine Eiche trug ein Rabe den Käse.
5. Trug ein Rabe den Käse auf eine Eiche?

1. The regular position of words in the sentence is that the subject comes first. 1.
2. If we wish to lay some stress on another part of the sentence, we make this precede as in 3 and 4. Very often the adverb precedes as in 4. In these cases the verb always precedes the subject.
3. We can make the verb precede by giving it a new subject, viz. the indefinite pronoun es, as in 2. This subject es is

called the grammatical subject, whilst the subject really acting is called the logical subject. In ex. 2 the logical subject is ein Rabe. s. §. 13, g. In a compound tense the participle or infinitive may precede, but then the finite verb must precede the subject.

 1. Ein Rabe hat den Käse auf eine Eiche getragen.
 2. Getragen hat ein Rabe u. f. w.
 1. Ein Rabe wird tragen u. f. w.
 2. Tragen wird ein Rabe u. f. w.

4. If we make the verb alone precede, we get a question, 5; only in interposed sentences in quotations and in popular style, we find this position of words without the sense of a question. s. R. B. 32.

Transform the following sentences after the models given above.

 1. Ein Rabe stahl Käse in einem Dorfe.
 2. Der Fuchs sah den Raben in dem Wald.
 3. Der Bediente antwortete ruhig.
 4. Ein Apfelbaum steht in dem Hofe.
 5. Der Herr erkannte seinen Fehler.

II. Subordinate Sentence.

In any subordinate sentence the verb is put at the end. Wenn der Fuchs hungrig **ist**, frißt er Mäuse. Als der Diener **sah**, was sein Herr gethan hatte, warf er u. f. w.

III. Principal sentence and subordinate sentence connected.

If the subordinate sentence precedes the principal, the verb of the latter is put at the beginning. Wenn der Fuchs hungrig ist, **frißt** er Mäuse. Als der Diener sah, was sein Herr gethan hatte, **warf** er.

5. Write the story 3, putting the present instead of the preterit indicative, exc. the sent. 8.

4. Das Haus.

1. Wir wohnen in Häusern. 2. Das Haus ist von Holz oder Stein gebaut. 3. Der Maurer und der Zimmermann bauen das Haus, der Dachdecker deckt das Dach mit Schiefer oder Ziegeln. 4. Die Dächer der Häuser in den Dörfern waren früher mit Stroh gedeckt. 5. Das Zimmer hat vier Wände und eine Decke. 6. Die Decke ist meistens weifs, die Wände sind getüncht oder tapeziert. 7. Der Fufsboden des Zimmers ist von Holz, der Fufsboden der Küche ist gewöhnlich von Stein. 8. Das Fenster ist von Glas, Holz und Eisen gemacht. 9. Die Thüre, die Tische und Stühle sind von Holz, der Ofen ist von Eisen oder Porzellan. 10. Der Schreiner macht die

Thüre, den Fufsboden, die Tische und Stühle. 11. Der Glaser macht die Fenster, der Schlosser macht die Schlösser der Thüren und Fenster.

  a. *Words.*
  1. wohnen, live, die Wohnung, das Haus.
  2. das Holz, wood; der Stein, stone.
  3. der Maurer, mason, bricklayer; der Zimmermann, carpenter; bauen, build, das Gebäude, building; der Dachdecker, slater; das Dach, der Ziegel, tile, der Schiefer, slate.
  4. das Dorf, das Stroh, straw.
  5. das Zimmer, room; die Wand, wall; die Decke, ceiling, decken, cover.
  6. tünchen, paint, tapezieren, paper, §. 20.
  7. der Fußboden, floor; die Küche, kitchen; gewöhnlich, generally.
  8. das Fenster, window; das Glas; das Eisen, iron.
  9. die Thüre, door; der Tisch, table; der Stuhl, chair; der Ofen, stove, oven; das Porzellan.
  10. der Schreiner, joiner.
  11. der Glaser, glazier; der Schlosser, locksmith (der Schmied, smith), das Schloß, lock, castle.

  b. *Grammatical* observations and exercises.
  1. What is the plural of der Mann? What ought to be the plural of der Zimmermann? s. §. 8 d.
  2. The plural of das Holz, das Eisen, das Glas signifies either different kinds of the material, like das Hölzer, or different things made of the material: die Gläser, glasses; die Hölzer, die Eisen, pieces of iron and wood in any shape, used for any purpose.
  3. Write the sentences 1, 2, 3, 6, 7, 8 and 9, putting the *plural* instead of the singular and the *singular* instead of the plural.
  4. Repeat the declension of substantives.

5. Der Wald.

1. In dem Walde stehen viele Bäume, z. B. (zum Beispiel, for instance) die Eiche, die Buche, die Birke und die Tanne. 2. Die Eichen, Buchen und Birken haben Blätter, die Tannen haben Nadeln. 3. In dem Walde leben viele Tiere, nämlich Hirsche, Rehe, Hasen, Füchse, Eichhörnchen und viele Vögel. 4. Während des Frühlings und Sommers ist der Wald grün. 6. Dann gehen wir oft durch den Wald. 7. Die Sonne scheint durch die Zweige der Bäume. 8. Auf dem Boden blühen viele Blumen. 9. Auf den Ästen der Bäume sitzen die Vögel und singen. 10. Das Eichhörnchen klettert auf die Bäume und springt von Ast zu Ast. 11. Im Herbste werden die Blätter der Bäume gelb und rot und fallen ab; im Winter

ist der Wald kahl. 12. Dann geht der Jäger mit den Hunden in den Wald. 13. Mittels(st) der Flinte schießt er Hirsche, Rehe, Hasen und Füchse. 14. Er schießt die Hirsche, Rehe und Hasen wegen des Fleisches, aber den Fuchs wegen des Pelzes. 15. Aus dem Holze der Eiche baut man Schiffe. 16. Mit der Rinde der jungen Eichen gerbt man das Leder. 17. Mit dem Holze der Buchen heizen wir die Öfen, aus dem Holze der Tannen baut man Häuser.

a. *Words.*
1. der Baum, tree; die Buche, beech; die Birke, birch; die Tanne, fir.
2. das Blatt, leaf; die Nabel, needle.
3. das Tier, animal; der Hirsch, stag; das Reh, roe; das Eichhorn, Eichhörnchen, squirrel.
4. der Frühling, spring; der Sommer, der Herbst, der Winter.
7. die Sonne, der Mond; der Zweig, twig.
8. der Boden, ground, bottom; die Blume, flower.
9. der Ast, branch.
10. klettern, climb; springen (a, u), der Sprung.
11. kahl, bare.
13. die Flinte, das Gewehr, gun.
16. die Rinde, bark, gerben, tan, der Gerber.
17. heizen?

b. *Grammatical* observations and exercises.
1. Look for all the prepositions in §. 24, paying special attention to the prepositions under IV.
2. Look for examples in which the prepositions under IV in this description govern the accusative or dative.
3. Make a list of the prepositions used in 5, arranging them according to the case which they govern.

6. Die zwei Jäger und der Bär.

1. In einem Walde hielt sich ein großer Bär auf. 2. Zwei Jäger wollten den Bären schießen. 3. In Gedanken hatten sie ihn schon getötet und sein Fell verkauft. 4. Sie gingen jeden Tag in den Wald und suchten den Bären. 5. Lange fanden sie ihn nicht. 6. Endlich fanden sie ihn. 7. Der eine Jäger kletterte auf einen Baum, der andere warf sich auf die Erde und stellte sich tot. 8. Der Bär kam heran, beroch ihn eine Zeit lang und ging fort. 9. Da stieg der andere vom Baume und fragte seinen Gefährten: „Was hat dir denn der Bär ins Ohr gesagt?" 10. „Man soll die Bärenhaut nicht verkaufen, ehe man den Bären getötet hat."

a. *Words.*
  1. der Bär s. §. 8 a, N. 1, sich aufhalten, stay, be.
  2. der Gedanke, thought, §. 8 b, 2.
  3. das Fell, die Haut, skin.
  4. jeden Tag, every day, case? suchen, look for.
  5. finden (a, u).
  7. sich stellen, pretend to be.
  8. beriechen (o, o), riechen, smell.
  9. steigen (ie, ie), mount; fragen, ask; der Gefährte, companion.

b. *Grammatical* observations and exercises.
  1. Look for all prepositions and contractions used in the story.
  2. Bärenhaut. Of what words is this composed? Compounds are formed of:
    1. Adjective and substantive:
      Vollmond, full moon
      Kahlkopf, bald-head
    2. Substantive and substantive:
      Handschuh, glove
      Buchbinder, bookbinder
      Tageslicht, light of day
      Wirtshaus, ein (literally: host's house)
    Tages and Wirts are genitives, but there were such forms made even of feminine substantives.
      ex. der Liebesdienst, service of love (die Liebe)
      die Hochzeitsfeier, festival of wedding (die Hoch=
      zeit). s. §. 26, 5.
    3. Verb (root) and substantive:
      Singvogel, singing bird
      Treibeis, drifting ice
      Gerbstoff, tanning substance
    4. Verbal expressions:
      Springinsfeld, madcap, literally?
      Taugenichts, good-for-nothing
      Vergißmeinnicht, forget-me-not

3. Questions:
  1. Wo hielt sich der Bär auf?
  2. Wer wollte den Bären schießen?
  3. Wohin kletterte der eine Jäger, als der Bär kam?
  4. Was that der andre?
  5. Was that der Bär?
  6. Was fragte der eine Jäger den andern?
  7. Was war die Antwort?

4. Learn the story by heart and write it.

7. Der Hund mit dem Fleische.

1. Ein Hund hatte ein Stück Fleisch gestohlen. 2. Er kam an einen Bach. 3. In dem Wasser erblickte er sein Bild. 4. Er glaubte einen anderen Hund zu sehen, der ein Stück Fleisch zwischen den Zähnen trage. 5. Er schnappte nach dem Fleische und verlor seine Beute.

a. *Words.*
  2. der Bach, brook.
  3. das Bild, image, portrait, picture.
  4. schnappen, snap; verlieren (o, o), lose, der Verlust, loss; die Beute, booty.

b. *Grammatical* observations and exercises.
  1. Look for the prepositions used in 7.
  2. Questions:
      1. Was hatte der Hund gestohlen?
      2. Wohin kam er?
      3. Was erblickte er in dem Wasser?
      4. Was glaubte er zu sehen?
      5. Was that er?
  3. Learn the story by heart and write it.

8. Der Fuchs und die Weintrauben.

1. Ein Fuchs sah an einem Weinstocke schöne Trauben. 2. Die Füchse fressen gerne Weintrauben. 3. Er sprang in die Höhe, konnte sie aber nicht erreichen. 4. Die Vögel auf den Dächern verspotteten ihn. 5. Da verstellte sich der Fuchs und sagte: „Ich mag euch gar nicht, ihr seid mir zu sauer".

a. *Words.*
  1. der Weinstock, vine; die Traube, grape.
  3. in die Höhe (hight), up; erreichen, reach.
  4. verspotten, mock.
  5. sich verstellen, dissemble; **ich mag nicht** = I will not.
      ich mag euch nicht = I will not have you.

b. *Grammatical* observations and exercises.
  1. die Füchse fressen sehr gern Weintrauben.
      The German adverb gern is in English expressed by the verb "to like" or "to be fond of":
      1. Wir lesen gern, we like reading.
      2. Er geht gern spazieren, he likes walking.
      3. Kinder essen gern Obst (fruit).
      4. Die Baiern (Bavarians) trinken sehr gern Bier.

2. Questions.
    1. Wo sah der Fuchs die schönen Weintrauben?
    2. Was that er, um sie zu erreichen?
    3. Wer verspottete ihn?
    4. Was sagte der Fuchs?
3. Learn the story by heart and write it.
4. Repeat all the prepositions used in 5, 6, 7 and 8.

9. Exercise on the Prepositions.

Put in the following examples the right case and copy them.

1. Treue (faithful) Hand geht durch d. ganze Land (n.) (country).
2. Mit Fragen (ask) kommt man durch d. ganze Welt (f.) (world).
3. Kein Sperling (sparrow) fällt vom Dache ohne d. Willen (m.) Gottes.
4. Man soll die Rechnung (bill) nicht ohne d. Wirt machen.
5. Das beste Schiff scheitert (founder) ohne ein. klugen Steuermann (helmsman).
6. Das Kind spielt mit d. Hund, mit d. Katze (f.).
7. Wir sehen nach d. Uhr (f.) (watch), nach d. Mond, nach d. Feuer (n.).
8. Das Schiff ging zugrunde (zugrunde gehen, founder) samt d. Mannschaft (f.) (crew), samt d. Masten, samt d. Maschine.
9. Ich habe meinen Freund nicht besucht seit d. Frühling, seit d. Ferien (holidays).
10. Der Vater kommt von d. Jagd, von d. Feld (n.).
11. Das Mädchen (girl) schöpft (draw) das Wasser aus d. Brunnen (m.), aus d. Quelle (f.), aus d. Fluß (m.).
12. Die Stadt liegt d. Dorfe (n.) gegenüber.
13. Das Gras wird mit d. Sense (f.) (scythe) gemäht.
14. Die Russen schlossen Frieden (peace) mit d. Türken.
15. Nach d. Regen (m.) scheint die Sonne.
16. Der Wolf ist nächst d. Tiger (m.) das grausamste (most cruel) Tier.
17. Während d. Nacht leuchtet der Mond nebst d. Sternen.
18. Die Schwalbe hat samt d. Jungen das Nest verlassen (left).
19. Die Erde erhält ihr Licht von d. Sonne.
20. Stralsund liegt d. Insel (f.) Rügen gegenüber.

10. Der Mäuseturm.

1. In Mainz am Rhein lebte einst ein Erzbischof namens Hatto. 2. Zur Zeit der Teuerung kaufte er viel Getreide. 3. Die Armen kamen zu Hatto und baten um Brot. 4. Aber Erzbischof Hattos Herz war hart. 5. Er liefs die Leute in die Scheune führen und die Scheune in Brand stecken. 6. Die Unglücklichen schrieen laut. 7. Da sagte der Erzbischof: „Hört ihr, wie die Kornmäuse pfeifen?" 8. Aber die Strafe kam bald. 9. Mäuse ohne Zahl kamen in den Palast des Erzbischofs Hatto. 10. Tag und Nacht hatte er keine Ruhe, nirgends war er sicher. 11. Endlich liefs er einen Turm mitten im Rheine bauen. 12. Aber die Mäuse schwammen durch den Flufs und frafsen ihn auf. 13. Der Turm heifst deshalb der Mäuseturm. 14. Der Mäuseturm steht bei Bingen mitten im Rhein.

a. *Words.*
1. Erzbischof, archbishop.
2. die Zeit, time, Zeitung, newspaper; die Teuerung, scarcity, teuer, dear.
3. die Armen, the poor; bitten (a, e), ask for, beg.
5. führen, lead, der Führer; die Scheune, barn; in Brand stecken, set on fire.
6. die Unglücklichen, the unhappy.
7. pfeifen (i, i), whistle, squeak.
8. die Strafe, punishment, strafen, bestrafen.
9. die Zahl, number, zählen, bezahlen, pay, die Zahlung, payment.
10. die Ruhe, rest; nirgends, nowhere; sicher, safe, die Sicherheit (all the words formed with heit and keit are feminines).
11. endlich, at last; der Turm, tower; mitten im Rhein? Form similar expressions with der Wald, der Garten, die Stadt, die Wiese, das Feld.

b. *Grammatical* observations and exercises.
1. Look for the prepositions.
2. Look for examples for the rules on the position of words, s. 3, gr. obs. 3.
3. See the declension of proper names in §. 11.
4. **lassen.** Hatto ließ die Leute in die Scheune führen.
   ich lasse ein Haus bauen.
   ich habe ein Haus bauen **lassen,** s. §. 19 b; §. 32, 2.
5. Questions:
   1. Wo lebte der Erzbischof Hatto?
   2. Was that er zur Zeit der Teuerung?
   3. Wer kam zu dem Erzbischof, um Brot zu verlangen?
   4. Was that der Erzbischof?
   5. Was sagte er, als die Unglücklichen schrieen?

6. Wie wurde er für seine Hartherzigkeit bestraft?
7. Wie wollte er sich retten (save)?
8. Wo ließ er den Turm bauen?
9. Wie heißt der Turm (what is the tower called), den Hatto bauen ließ?

6. Write the story without the sentences 13 and 14, putting in every sentence the perfect tense instead of what there is now. s. §. 15, 2.

11. Rhein, Neckar und Main.

1.

1. Der Rhein entspringt auf dem St. (Sankt) Gotthard in der Schweiz. 2. Er fließt zuerst nach Nordosten, dann nach Norden. 3. Er fließt durch den Bodensee. 4. Bei Schaffhausen bildet er einen Wasserfall. 5. Von Basel bis Mainz fließt er nach Norden, von da bis Bingen nach Westen. 6. Von Bingen fließt er nach Nordwesten, bis er in die Nordsee mündet. 7. Am Rhein liegen viele Städte, z. B. Basel, Mainz, Koblenz, Bonn und Köln. 8. Straßburg liegt unweit des Rheins. 9. Es ist berühmt wegen des Münsters. 10. Straßburg, Mainz, Koblenz und Köln sind Festungen. 11. Der Kölner Dom ist sehr berühmt. 12. Auf dem Rheine fahren viele Dampf- und Segelschiffe.

a. *Words.*
1. entspringen (a, u), rise.
2. fließen (o, o), flow, der Fluß, flüssig; der Osten, Westen, Süden, Norden. (Often used without the article, for inst. after gegen, nach, von).
3. der Bodensee, lake of Constance.
4. der Wasserfall?
5. die Nordsee? münden, fall into, der Mund, mouth, die Mündung.
9. berühmt, renowned, der Ruhm; das Münster?
10. die Festung, fortress, fest.

b. *Grammatical* observations and exercise.
1. bis. §. 24 b.
2. Dampf- und Segelschiffe. Which word is to be added after Dampf? Haus- und Feldarbeit (work), Land- und Wasserschlangen (snake), See- und Flußschiffe.
3. der **Kölner** Dom ist berühmt, §. 4, 5 d.
4. Look for the prepositions used in this description.

2.

1. Der Neckar ist ein Nebenfluß des Rheins. 2. Er entspringt auf dem Schwarzwald und mündet bei Mannheim in

den Rhein. 3. Mannheim ist eine bedeutende Handelsstadt.
4. Das Neckarthal ist sehr fruchtbar an Wein und Korn. 5. An
dem Neckar liegt Tübingen, die Geburtsstadt Ludwig Uhlands,
und Marbach, der Geburtsort Friedrich Schillers. 6. An dem
Neckar liegt auch Heidelberg mit einer Schloßruine. 7. Das
Schloß wurde von den Franzosen zerstört. 8. In dem Keller
des Schlosses liegt ein großes Faß, das Heidelberger Faß ge-
nannt. 9. Der Main ist auch ein Nebenfluß des Rheins.
10. Er entspringt auf dem Fichtelgebirge und mündet der Stadt
Mainz gegenüber in den Rhein. 11. An dem Main liegt
Frankfurt. 12. Auch an der Oder liegt eine Stadt Frankfurt
(ein Frankfurt). 13. Deshalb schreibt man Frankfurt a/M.
und Frankfurt a/O. 14. In Frankfurt a/M. ist Göthe geboren. 15. Göthes Geburtshaus ist noch zu sehen. 16. Göthe
und Schiller starben zu Weimar, Schiller i. J. 1805, Göthe
i. J. 1832.

a. *Words.*
 1. der Nebenfluß, tributary river.
 2. der Schwarzwald, Black Forest.
 3. der Handel, commerce, handeln mit, deal in.
 4. fruchtbar, fertile, die Fruchtbarkeit?
 5. die Geburt, birth, Geburtstag, birth-day.
 7. der Franzose, der Deutsche, der Russe, der Däne, der Schwede, der Portugiese, der Engländer, Schottländer, Irländer, Spanier, Italiener; zerstören, destroy.
 8. das Faß, cask.
 14. geboren, born, die Geburt, gebären (a, o), bear, bring forth.

b. *Grammatical* observations.
 1. das Schloß **wurde** zerstört. See the formation of the Passive §. 18 and conjugate the whole passive of zerstören.
 2. Look for the prepositions used in 2.
 3. Look for the position of words in all sentences.
 4. How are the words: der Franzose, der Deutsche, der Russe, der Däne, der Schwede, der Portugiese to be declined? s. §. 8a, II, N.

12. Friedrich II. und sein Nachbar.

1. Friedrich II., König von Preußen, hatte in der Nähe von Berlin ein Lustschloſs, welches Sanssouci hieſs. 2. Friedrichs Nachbar war ein Müller. 3. Die Mühle war sehr alt und paſste nicht zu dem Schlosse, auch störte ihr Geklapper den König in seinen Gedanken. 4. Friedrich ließ eines Tages den Müller rufen und fragte ihn: „Will er mein Schloſs kaufen?"
5. Der Müller fragte: „Wieviel fordert ihr dafür?" 6. Da

lachte der König und sagte: „Er hat nicht soviel Geld, um mein Schloſs kaufen zu können, aber ich will seine Mühle kaufen. Wieviel fordert er dafür?" 7. Da antwortete der Müller dem Könige Friedrich: „Ihr habt auch nicht soviel Geld, um meine Mühle zu kaufen, sie ist mir nicht feil." 8. Da wurde der König unwillig und sagte: „Ich lasse seine Mühle taxieren und abreiſsen." 9. Der Müller erwiderte ruhig: „Gut gesagt, wenn nur das Kammergericht in Berlin nicht wäre!" 10. Da lachte der König und hielt von jetzt an gute Nachbarschaft mit dem Müller. 11. Die Mühle steht noch heute.

a. *Words.*
1. die Nähe, neighbourhood, die Nachbarschaft; das Lustschloß, pleasure castle.
2. der Müller, die Mühle, mahlen?
3. das Geklapper, clacking; stören, disturb.
   passen. 1. Der Rock paßt mir.
   The coat fits me.
   2. Die Mühle paßt nicht zu dem Schlosse.
   The mill and the castle do not suit one another (literally).
5. dafür? Have we had similar forms?
7. die Mühle ist mir nicht feil, the mill is not to be sold.
8. taxieren, estimate; abreißen, pull down.
9. das Gericht, court of justice; die Kammer, chamber.
10. gute Nachbarschaft halten, be good neighbours.

b. *Grammatical* observations.
1. See the modal auxiliaries in §. 19.
2. See §. 13, Note 2.
3. er hat nicht so viel Geld, um mein Schloß kaufen zu können.
   s. R. B. 1, words 2. Here um zu does not designate intention, but possibility.
4. 1. Der König läßt den Müller kommen.
   2. Der König läßt den Müller rufen.
   In the 1st sentence den Müller depends on lassen, in the 2nd it depends on rufen, §. 32, 2.
5. Read the story, using the present, where now the preterit indicative stands.
6. Write it, making the same change.

13. Ein Gespräch (dialogue).

A.: Ich habe Sie lange nicht gesehen, hoffentlich sind Sie nicht unwohl gewesen.

B.: Nein, ich bin mehrere Wochen verreist (on a journey) gewesen; ich war in London.

A.: Wie sind Sie gereist?

B.: Ich bin von Wiesbaden zu Fuß nach Biebrich gegangen, und von da bin ich mit einem Dampfer (Dampfschiff, Dampfboot) nach Köln gefahren.

A.: Haben Sie den Kölner Dom gesehen?

B.: Ich hatte zwar (indeed) nicht viel Zeit, aber ich wollte Köln nicht verlassen, ohne den Dom gesehen zu haben.

A.: Wann sind Sie von Köln abgereist?

B.: Ich bin Freitag den 24. April um halb zwei nachmittags mit dem Schnellzuge nach Vließingen gefahren, ich fuhr zweiter Klasse.

A.: Hatten Sie viel Gepäck (luggage)?

B.: Nein, ich hatte nur einen Handkoffer.

A.: Wo liegt Vließingen?

B.: Vließingen ist eine holländische Stadt und liegt auf der Insel Walcheren.

A.: Wann sind Sie in Vließingen angekommen, und um wie viel Uhr geht das Schiff?

B.: Wir sind kurz nach 8 Uhr angekommen, das Schiff geht etwas vor 9 Uhr.

A.: War das Meer ruhig?

B.: Ja, das Wetter war sehr schön, der Mond und die Sterne standen am Himmel, und die See ging sehr ruhig. Niemand an Bord war seekrank.

A.: Um wieviel Uhr sind Sie in Queenborough angekommen?

B.: Wir sind kurz nach 6 Uhr angekommen, und etwas nach halb acht waren wir in London.

Observations.
1. See §. 15, 2 Compound tenses.
2. Is the tense which would be used in English, everywhere employed in this dialogue? s. §. 29.

14. Der alte Fritz und die Schulbuben.

1. Friedrich der Große war am liebsten in seinem Lustschlosse Sanssouci. 2. Wenn er in seinen letzten Lebenstagen nach Berlin kam, so war das ein Fest für die ganze Stadt. 3. Besonders freuten sich die Kinder. 4. Sie streichelten sein Pferd und wischten dem König den Staub von den Stiefeln. 5. Eines Mittwoch Nachmittags trieben sie ihre Freude zu weit. 6. Da erhob der alte König seinen bekannten Krückstock und

rief: „Wollt ihr euch gleich in die Schule scheren?" 7. Die mutwilligen Knaben lachten und riefen: „Der alte Fritz will König sein und weifs nicht, dafs Mittwoch Nachmittags keine Schule ist".

  a. *Words.*
2. Lebenstage? das Fest, festival.
3. besonders, especially.
4. streicheln, stroke, pat; wischen, wipe; der Staub, dust; der Stiefel, boot.
5. zu weit treiben (ie, ie), carry too far.
6. erheben (o, o), raise; der Krückstock, crutch cane, sich scheren, get one's self gone.
7. mutwillig, gay; lachen, laugh, Gelächter, lächeln, lächerlich; wissen, know §. 19, o. der Nachmittag, afternoon, der Vormittag, der Morgen, der Abend, die Nacht.

  b. *Grammatical* observations and exercises.
1. See the declension of adjectives in §. 12, I.
2. er war am liebsten in Sansfouci, s. §. 12, III.
3. Decline: der mutwillige Knabe, der alte König.
4. Sie wischten **dem** König den Staub von den Stiefeln, s. §. 27, 3.

15. Der alte General Ziethen.

1. Der greise General Ziethen war einmal von Friedrich dem Großen zur Tafel geladen. 2. Man saß lange bei Tische. 3. Der alte Mann schlief ein. 4. Einige anwesende Gäste lächelten und wollten ihn wecken. 5. Der König aber verbot es und sprach: „Laßt den Alten schlafen, er hat lange genug für uns gewacht".

  a. *Words.*
1. greis, old, der Greis; die Tafel, table, laden (u, a), invite.
2. einschlafen (ie, a), fall asleep, s. §. 20.
4. anwesend, present, wecken, awake.
5. verbieten (o, o), forbid, das Verbot; sprechen (a, o), speak, say, die Sprache, der Spruch, sentence, das Sprichwort, proverb; wachen, wake.

  b. *Grammatical* observations and exercises.
1. Decline: der greise General, der anwesende Gast.
2. Laßt den Alten schlafen, s. §. 12, I, 4.
3. Learn the story by heart and write it.

16. Das Tannenbäumchen.

1. Ein junges Tannenbäumchen war unzufrieden mit seinen Nadeln. 2. Es wollte mehr sein als seine Kameraden und

wünschte sich goldene Blätter. 3. In der Nacht bekam es goldene Blätter, aber ein alter Bettler ging durch den Wald und pflückte sie ab. 4. Da wünschte es sich gläserne Blätter. 5. Es bekam auch Blätter von Glas, aber der Wind zerbrach sie. 6. Nun wünschte es sich grünes Laub. 7. Auch das erhielt es, aber eine Ziege fraſs die grünen Blätter ab. 8. Da war das Bäumchen traurig und dachte: O hätte ich doch meine Nadeln wieder! 9. Am folgenden Morgen hatte es wieder seine Nadeln.

- a. *Words.*
    1. unzufrieden, discontented.
    2. der Kamerad, comrade; wünschen, wish, der Wunsch; golden, eisern, gläsern, silbern, kupfern, hölzern.
    3. bekommen, receive; der Bettler, beggar, betteln; abpflücken, pluck off.
    7. die Ziege, die Geiß, goat; traurig, sorry.
- b. *Grammatical* observations and exercises.
    1. der Baum, das Bäumchen, Bäumlein; der Stamm, das Stämmchen, das Haus, das Häuschen. By the syllables chen and lein diminutives are formed, the preceding vowel is modified. All the diminutives are neuter. There are some special forms: das Buch, das Büchelchen, der Tisch, das Tischchen or Tischelchen. The forms with lein are not used in common conversation. das Haar, das Härchen, s. §. 4, 4, c, 1.
    2. Decline: ein junges Tannenbäumchen; ein alter Bettler; goldenes Blatt, grünes Blatt.
    3. abpflücken, abfressen, s. §. 20.
    4. The story is to be learned by heart and written.

17. Einkehr.

1. Bei einem Wirte wundermild
   Da war ich jüngst zu Gaste;
   Ein goldner Apfel war sein Schild
   An einem langen Aste.

2. Es war der gute Apfelbaum,
   Bei dem ich eingekehret;
   Mit süßer Kost und frischem Schaum
   Hat er mich wohl genähret.

3. Es kamen in sein grünes Haus
   Viel leicht beschwingte Gäste;
   Sie sprangen frei und hielten Schmaus
   Und sangen auf das beste.

4. Ich fand ein Bett zu süßer Ruh
Auf weichen, grünen Matten,
Der Wirt er deckte selbst mich zu
Mit seinem kühlen Schatten.
5. Nun fragt ich nach der Schuldigkeit,
Da schüttelt er den Wipfel.
Gesegnet sei er allezeit
Von der Wurzel bis zum Gipfel!

a. *Words.*
1. wundermild, wonderfully kind; der Gast, guest, zu Gaste sein, be a guest.
2. einkehren, put up at an inn; die Kost, food; der Schaum, foam, froth.
3. leichtbeschwingt, light winged; der Schmaus, banquet.
4. die Matte, mat, green meadow; der Schatten, shade, shadow.
5. die Schuldigkeit, debt; schütteln, shake, der Wipfel = der Gipfel, top; segnen, bless.

b. *Grammatical* observations.
1. Bei einem Wirte wundermild.
   Poets use the adjective as attribute before or after the substantive in its uninflected form, s. §. 12, I, 5.
2. sie sangen auf das beste, s. §. 12, III, 3.
3. da schüttelt er **den** Wipfel.
   In German the definite article is often used where in English the possessives are employed.

18. Frühling und Sommer, Herbst und Winter.

a.

1. Der schöne Frühling ist wieder gekommen! 2. Nun scheint die Sonne wärmer, und die Bäume des Waldes werden grün. 3. Auf den Wiesen und in den Feldern kommen bunte Blumen hervor. 4. Die munteren Vögel singen im Walde und bauen ihre Nester. 5. Der Landmann arbeitet in dem Felde. 6. Die Kinder spielen in dieser schönsten Jahreszeit im Schatten der Bäume. 7. Im Monat Juni beginnt der Sommer. 8. Die Sonne geht früher auf und später unter als im Frühling. 9. Die Tage werden deshalb länger und die Nächte kürzer. 10. Die Hitze ist oft sehr groß. 11. Oft zieht ein schweres Gewitter am Himmel dahin. 12. Dann blitzt und donnert es gewaltig, der Sturm braust, und der Regen stürzt in Strömen vom Himmel.

11. das Gewitter, thunderstorm.
12. es blitzt, s. §. 22.

b.

1. Immer später geht die Sonne auf, immer früher geht sie unter. 2. Von Tag zu Tag sinkt sie tiefer am Himmel hinab. 3. Immer kürzer werden die Tage, immer länger die Nächte. 4. Zuletzt sind die Nächte fast noch einmal so lang als die Tage. 5. Die Wärme der Luft wird immer geringer. 6. Am Morgen und Abend weht schon ein kühler Wind über die Stoppelfelder. 7. Die Kartoffeln werden ausgegraben. 8. Dann aber wird es still in den Feldern. 9. Die Vögel ziehen meistens von uns weg, und diejenigen, welche bei uns bleiben, singen kein fröhliches Lied. 10. Der Garten hat uns seine letzten Gaben gereicht: Äpfel, Birnen und Nüsse. 11. Nun verwelkt das Laub auf den Bäumen, es wird gelb und fällt ab. 12. Der Winter beginnt im Monat Dezember. 13. Jetzt sind die Tage am kürzesten und die Nächte am längsten. 14. Die Erde hat ihr buntes Kleid abgelegt und ein weißes angezogen. 15. Man sieht kein Blümchen mehr und hört keinen Vogel singen. 16. Die Luft wird mit jedem Tage kälter. 17. Wir müssen daher wärmere Kleider anziehen und die Stuben heizen. 18. Berg und Thal sind mit Schnee bedeckt, und das Wasser ist mit einer festen Eisdecke überzogen. 19. Auch der Winter ist schön. 20. Die Kinder machen Schneemänner, fahren Schlitten und laufen Schlittschuh. 21. Am meisten aber freuen sie sich auf das Weihnachtsfest. 22. Dann schmücken wir einen Christbaum mit Gebäck und vergoldeten Nüssen und Äpfeln.

a. *Words.*

5. warm, die Wärme, wärmen.
6. wehen, blow.
9. fröhlich, gay.
10. die Gabe, gift, geben, Gift, poison, vergiften.
11. verwelken, fade.
14. bunt, of various colours; ablegen, put off, anziehen, put on.
18. überziehen, cover, der Überzug.
20. Schlittschuh laufen, skate s. §. 23, 3d.
21. das Weihnachtsfest, die Weihnachten, Christmas, backen (u, a), bake, das Gebäck? vergolden? versilbern.

b. *Grammatical* observations.

1. See the comparison of adjectives and adverbs §. 12 II and III.
2. Decline: der kürzere Tag, die längere Nacht.
3. aufgehen, ausgraben, untergehen, ablegen, anziehen, überziehen, s. §. 20).

4. die Kartoffeln werden ausgegraben, s. §. 18.
5. der Schneemann, pl. die Schneemänner, s. §. 8, d, b.
6. See the impersonal verbs in §. 22.

19. Die Stadt- und die Feldmaus.

1. Eine Stadtmaus ging spazieren und kam zu einer Feldmaus. 2. Die bewirtete sie mit Eicheln, Gerste, Nüssen und womit sie konnte. 3. Aber die Stadtmaus sprach: „Du bist eine arme Maus, was willst du hier in Armut leben? Komm mit mir, ich will dir bessere Speise geben." 4. Die Feldmaus ging mit ihr in ein großes, schönes Haus, worin die Stadtmaus wohnte. 5. Die Stadtmaus führte sie in die Speisekammer, da war Brot, Fleisch und Käse in Hülle und Fülle. 6. Da sprach die Stadtmaus: „Nun iß und sei guter Dinge! Solche Speise habe ich Tag für Tag". 7. Indes kommt der Kellner und rasselt mit den Schlüsseln an der Thüre. 8. Die Mäuse erschraken und liefen davon; die Stadtmaus fand bald ihr Loch, aber die Feldmaus wußte nicht wohin, sie lief hin und her und dachte schon zu sterben. 9. Als der Kellner hinausgegangen war, sprach die Stadtmaus: „Nun ist die Gefahr vorüber, laß uns guter Dinge sein. 10. Die Feldmaus aber sagte: „Bleibe du eine reiche Stadtmaus und iß Brot, Fleisch und Käse, ich will eine arme Feldmaus bleiben und Eicheln, Gerste und Nüsse essen. Du bist keinen Augenblick sicher vor dem Kellner, vor den Katzen und den Mäusefallen, das ganze Haus ist dir feind, ich lebe in meiner Armut sicher".

a. *Words.*
1. spazieren gehen, take a walk.
2. bewirten, treat, entertain, der Wirt, das Wirtshaus; die Eichel, acorn; die Gerste, barley; arm, poor, die Armut; die Speise, food, die Speisekammer, larder.
3. in Hülle und Fülle, plenty of.
5. sei guter Dinge, s. §. 26, 4.
7. der Kellner, waiter; rasseln, rattle, clatter; der Schlüssel, key, das Schlüsselloch.
8. erschrecken (a, o), be frightened; hin und her, to and fro.
9. die Gefahr, danger; vorüber, over.
10. der Augenblick, moment; die Falle, trap; feind, hostile, inimical.

b. *Grammatical* observations and exercises.
1. Repeat what has been said on the position of words. R. B. 3, gr. obs. 3.
2. das ganze Haus ist dir feind. Some adjectives are used only as predicates, ex. feind, hostile; bereit, ready; gar, done;

eingedenk, mindful; gäng und gäbe, current; others are only used as attributes, ex. hiesig, of this place; dortig, of that place; heutig, of to-day; die heutige Zeitung, to-day's newspaper.
3. ging spazieren, s. §. 32, 5.
4. Write the story without the quotations, using the present, where the preterit stands now.

20. Der Bauer und sein Nachbar.

1. Ein Bauer ging zu seinem Nachbar und sagte: „Seid so gut und leiht mir eueren Esel". 2. Der Nachbar erwiderte: „Es thut mir sehr leid, daſs ihr nicht früher gekommen seid, ich habe meinen Esel einem anderen geliehen". 3. Als der Bauer fortgehen wollte, fing der Esel an zu schreien. 4. Da sagte der Bauer: „Haha, euer Esel versichert, daſs ihr ihn einem anderen geliehen habt". 5. Der Nachbar erwiderte: „Ich finde es sehr sonderbar, daſs ihr meinem Esel mehr glaubt als mir".

a. *Words.*
 1. leihen (ie, ie), lend; borrow, borgen.
 2. es thut mir leid, I am sorry.
 4. versichern, assure, die Versicherung, assurance, insurance.
 5. sonderbar, strange.

b. *Grammatical* observations.
 1. See the pronouns §. 13 I a and II a.
 2. es thut mir leid, s. the impers. verbs. §. 22.
 3. der Esel fing an zu schreien, s. §. 32, 4 a.
 4. Learn the story by heart and write it.

21. Der Frosch und die Maus.

1. Eine Maus wollte gern über ein Wasser, aber sie konnte nicht. 2. Sie bat einen Frosch um Rat und Hilfe. 3. Der Frosch sagte: „Binde deinen Fuß an meinen, so will ich schwimmen und dich hinüberziehen". 4. Die Maus that es, und sie stiegen ins Wasser. 5. Der Frosch war aber ein Schalk. 6. Als sie mitten im Wasser waren, tauchte er plötzlich unter und wollte die Maus ertränken. 7. Die Maus aber wehrte sich aus allen Kräften. 8. Ein Raubvogel sah die Bewegung im Wasser, er schoß herunter, zog sie heraus und fraß sie beide.

a. *Words.*
 1. der Rat, advice, raten; die Hilfe, help, helfen.
 5. der Schalk, rogue.
 6. untertauchen, dive; ertränken, drown.
 8. herunterschießen, dart down.

b. *Grammatical* observations.
1. Look for the personal and possessive pronouns used in this story.
2. Eine Maus wollte über ein Wasser. The auxiliaries of mood §. 19 are often joined with an adverb instead of a verb and an adverb. Ex.: ich muß hinaus, ich will hinunter, ich muß fort. The verbs mögen, wollen and können are also joined with objects:

ich mag keinen Apfel
ich will Brot

In the expressions: ich kann deutsch, französisch etc. we must supply an infinitive, for inst. sprechen; it is the same with lernen: ich lerne deutsch, englisch u. s. w., for deutsch, französisch etc. are adverbs here. s. §. 4, b.

22. Die Uhr des preufsischen Grenadiers.

1. Ein Grenadier Friedrichs des Grofsen trug statt einer Uhr eine Flintenkugel an seiner Kette. 2. Der König hörte davon. 3. Bei der Parade wünschte er die Uhr des Soldaten zu sehen. 4. Dieser weigerte sich zuerst, endlich aber gehorchte er. 5. Als der König die Kugel sah, fragte er: „Welche Stunde kann diese Uhr anzeigen?" 6. Der Soldat antwortete: „Diese Uhr zeigt mir an, dafs ich jede Stunde bereit sein mufs, für Ew. (Euer*) Majestät zu sterben. 7. Der König war über diese Antwort sehr erfreut, zog seine goldene Uhr heraus und gab sie ihm.

a. *Words*.
1. die Kugel, ball; die Kette, chain.
2. sich weigern, refuse, die Weigerung; gehorchen, obey.
3. anzeigen, indicate, die Anzeige.

b. *Grammatical* observations and exercise.
1. Look for the demonstr. §. 13, II c.
2. Decline: diese Uhr, meine Uhr, diese meine Uhr, seine goldne Uhr. s. §. 12, 2, N. 2.
3. Es ist 12 Uhr, 5, 10 Minuten nach (über) 12;
   » » ein Viertel (quarter) nach (über) 12 or auf eins (in the direction to one);
   » » 20 Minuten nach (über) 12;
   » » 25   »   »   » 12; or 5 Minuten bis halb eins, in 5 Minuten halb eins;
   » » halb eins;
   » » 25 Minuten bis eins;

---

*) In this expression euer stands for eu(e)re; the w is the remainder of the ancient form "iuwer".

Es ift 20 Minuten bis eins, or 5 Minuten bis dreiviertel auf
    eins, in 5 Minuten dreiviertel auf eins.
»   » dreiviertel auf eins or ein Viertel vor (bis) eins;
»   » 10,5 Minuten bis (vor) eins;
Der Zug (train) geht (leaves) 9 Uhr fünfundzwanzig.
4. Learn the story by heart.
5. Write the story, using the present for the preterit.
6. See the Numerals in §. 14.

23. Der Pilgrim (Pilger).

1. In einem schönen Schlosse, von dem längst kein Stein auf dem anderen geblieben ist, wohnte einst ein sehr reicher Ritter. 2. Er verwandte viel Geld auf die Verschönerung des Schlosses, den Armen that er aber wenig Gutes. 3. Da kam einmal ein armer Pilger in das Schloß und bat um Nachtherberge. 4. Der Ritter wies ihn trotzig ab und sprach: „Mein Schloß ist kein Gasthaus". 5. Der Pilger sagte: „Erlaubt mir nur drei Fragen". 6. Der Ritter sprach: „Fraget, ich will euch gern antworten". 7. Da fragte der Pilger: „Wer wohnte vor euch in diesem Schlosse?" 8. „Mein Vater", antwortete der Ritter. 9. Der Pilger fragte weiter: „Wer wohnte denn vor euerem Vater da?" 10. „Mein Großvater", war die Antwort. 11. „Und wer wird wohl nach euch darin wohnen?" fragte der Pilger weiter. 12. Der Ritter antwortete: „Mein Sohn, so Gott will". 13. „Nun", sprach der Pilger, „wenn jeder nur seine Zeit in diesem Schlosse wohnt, so seid ihr nichts anderes als Gäste und das Haus, dessen Bewohner so schnell auf einander folgen, ist doch ein Gasthaus". 14. Der Ritter behielt den Frembling über Nacht bei sich und war von dieser Zeit an wohlthätiger gegen die Armen.

a. *Words.*
1. bleiben (ie, ie), remain; der Ritter, knight, reiten, der Ritt.
2. (das) Geld verwenden, spend money in; verschönern, embellish.
3. Nachtherberge, night's lodging.
4. abweisen (ie, ie), send away; trotzig, daring, insolent, haughty; das Gasthaus, hotel, das Hotel.
14. der Frembling, stranger.

b. *Grammatical* observations.
1. Look for the interrog. and relat. pronouns in §. 13, I b and II b, d.
2. die Bewohner folgen auf **einander,** s. §. 14, a, 4.
    Sie folgen auf einander = einer auf den andern.
    Sie streiten mit einander = einer mit dem andern.
3. Repeat what has been said on the position of words. R. B. 3, gr. obs. 3.
4. verwandte, s. §. 17, 7 a.

24. Rätsel.

(To be learned by heart.)

1. Was für eine Strafse
   ist ohne Staub?
   Welcher grüne Baum
   ist ohne Laub?

2. „Die Strafse auf der Donau
   ist ohne Staub,
   Der grüne Tannenbaum
   ist ohne L a u b*)."

3. Was für ein König
   ist ohne Land?
   Was für ein Wasser
   ist ohne Sand?

4. „Der Zaunkönig
   ist ohne Land,
   Das Wasser in den Augen
   ist ohne Sand."

5. Was für ein König
   ist ohne Thron?
   Und was für Knechte
   haben keinen Lohn?

6. „Der Kartenkönig
   ist ohne Thron,
   Und die Stiefelknechte
   haben keinen Lohn."

7. Welches schöne Haus
   hat weder Holz noch Stein?
   Welcher grofse Straufs
   hat keine Blümelein?

8. „Das kleine Schneckenhaus
   hat weder Holz noch Stein,
   Der grofse Vogel Straufs
   hat keine Blümelein."

---

*) s. R. B. 16.

9. Was für ein Herz
   thut keinen Schlag?
   Und was für ein Tag
   hat keine Nacht?

10. „Das tote Herz
    thut keinen Schlag,
    Und der allerjüngste Tag
    hat keine Nacht."

Rätsel, riddle, raten, guess.
4. der Zaunkönig, wren.
6. der Stiefelknecht, boot-jack.
8. die Schnecke, snail; der Strauß, nosegay, ostrich.
10. der jüngste Tag, the last day, doomsday.

25. Der Esel mit der Löwenhaut.

1. Ein Esel fand die Haut eines Löwen und bekleidete sich damit. 2. Dann ging er in den Wald, um alle Tiere zu erschrecken. 3. Auch seinem Herrn, welcher ihn suchte, wollte er Schrecken einjagen. 4. Dieser aber erkannte ihn an seinen langen Ohren, gab ihm eine tüchtige Tracht Prügel und jagte ihn in den Stall zurück.

a. *Words.*
1. sich bekleiden, dress one's self.
3. einem Schrecken einjagen, frighten.
4. erkennen, recognize; eine Tracht Schläge, a volley of blows; tragen, die Tracht also = costume, fashion; der Stall, stable.

b. *Grammatical* observations.
1. er bekleidete sich damit, s. §. 13, II c, N.
2. What is the meaning of um zu before the infinitive?
3. erkannte, s. §. 17, 7 a.

26. Der Streit um die Nufs.

1. Zwei Knaben fanden eine Nufs und stritten mit einander. 2. Der eine sagte: „Die Nufs gehört mir, denn ich habe sie zuerst gesehen"; der andere dagegen sagte, sie gehöre ihm, denn er habe sie aufgehoben. 3. Ein älterer Knabe kam dazu und sagte: „Ich will eueren Streit schlichten, gebt mir die Nufs." 4. Darauf öffnete er sie und sprach: „Die eine Schale gehört demjenigen, der die Nufs zuerst gesehen hat, die andere dem, der sie aufgehoben hat, den Kern aber bekomme ich für den Urteilsspruch".

a. *Words.*
  1. ſtreiten (i, i), quarrel, der Streit, die Streitigkeit.
  2. gehören, belong; aufheben (o, o), take up.
  3. ſchlichten, settle.
b. *Grammatical* observations and exercise.
  1. See the determinative pronouns §. 13, II c.
  2. mit einander. s. R. B. 23, gr. obs. 2.
  3. Learn the story by heart and write it.

27. Deutſche Sprichwörter. (German Proverbs.)

1. Man bläſt ſo lange in die Aſche, bis einem die Funken ins Geſicht ſtieben.
    blaſen (ie, a), blow; ſtieben (o, o), fly about.
2. Wenn man den Brunnen verſtopfen will, muß man die Quelle ſuchen.
    verſtopfen, close.
3. Einem fliehenden Feinde muß man goldene Brücken bauen.
4. Wenn man die Treppe wäſcht, muß man oben anfangen.
    die Treppe, stairs.
5. Jeder iſt ſich ſelbſt der Nächſte.
6. Es fällt kein Meiſter vom Himmel.
7. Gegen den Tod iſt kein Kraut gewachſen.
    das Kraut herb; wachſen (u, a), grow.
8. Man muß mit den Wölfen heulen.
9. Niemand kann zween Herren dienen.
10. Fürchte Gott, thue Recht und ſcheue niemand.
11. Jeder iſt ſeines Glückes Schmied.
12. Jeder fege vor ſeiner Thüre.
    fegen, sweep.

Grammatical observations.
1. See the indefin. pronouns in §. 13, I c, and §. 14, I a, 2.
2. ſich ſelbſt. A reflexive pronoun is often strengthened by ſelbſt.
3. Jeder fege, s. §. 30, A 1.
4. Learn these proverbs by heart.

28. Der Wolf und der Mensch.

1. Der Fuchs erzählte einmal dem Wolfe von der Stärke des Menschen, kein Tier könne ihm widerstehen und sie müſsten List gebrauchen, um sich vor ihm zu erhalten. 2. Da antwortete der Wolf: „Wenn ich nur einmal einen zu sehen bekäme, ich wollte doch auf ihn losgehen". 3. „Dazu kann

ich dir helfen", sprach der Fuchs, komm nur morgen früh zu mir, so will ich dir einen zeigen. 4. Der Wolf stellte sich frühzeitig ein, und der Fuchs ging mit ihm an den Weg, wo der Jäger alle Tage herkam. 5. Zuerst kam ein alter abgedankter Soldat. 6. „Ist das ein Mensch?" fragte der Wolf. 7. „Nein", antwortete der Fuchs, „das ist einer gewesen". 8. Danach kam ein kleiner Knabe, der zur Schule wollte. 9. „Ist das ein Mensch?" 10. „Nein, das will erst einer werden". 11. Endlich kam der Jäger, die Doppelflinte auf dem Rücken und den Hirschfänger an der Seite. 12. Sprach der Fuchs zum Wolf: „Siehst du, dort kommt ein Mensch, auf den mufst du losgehen, ich aber will mich fort in meine Höhle machen". 13. Der Wolf ging nun auf den Menschen los. 14. Der Jäger, als er ihn erblickte, sprach: Es ist schade, dafs ich keine Kugel geladen habe", legte an und schofs dem Wolf das Schrot ins Gesicht. 15. Der Wolf verzog das Gesicht gewaltig, doch liefs er sich nicht schrecken und ging vorwärts, da gab ihm der Jäger die zweite Ladung. 16. Der Wolf verbifs den Schmerz und rückte dem Jäger zu Leibe. 17. Da zog dieser seinen Hirschfänger und gab ihm rechts und links ein paar Hiebe, dafs er über und über blutend und heulend zu dem Fuchse zurücklief. 18. „Nun, Bruder Wolf", sprach der Fuchs, „wie bist du mit dem Menschen fertig geworden?" 19. „Ach", antwortete der Wolf, „so habe ich mir die Stärke des Menschen nicht vorgestellt; erst nahm er einen Stock von der Schulter und blies hinein, da flog mir etwas ins Gesicht, das hat mich ganz entsetzlich gekitzelt, danach pustete er noch einmal in den Stock, da flog mirs um die Nase wie Blitz und Hagelwetter, und wie ich ganz nah war, da zog er eine blanke Rippe aus dem Leib, damit hat er so auf mich losgeschlagen, dafs ich beinahe tot liegen geblieben wäre." 20. „Siehst du", sprach der Fuchs, „was du für ein Prahlhans bist! du wirfst das Beil so weit, dafs du es nicht wieder holen kannst".

a. *Words.*

1. erzählen, tell, die Erzählung; die Stärke, strength, stark; die List, cunning; erhalten (ie, a), preserve.
2. ich bekomme zu sehen, liter. I get to see; losgehen auf, attack.
4. sich einstellen, appear.
5. ein abgedankter Soldat, a disbanded soldier.
11. die Doppelflinte, a double-barrelled gun; der Hirschfänger, hanger.

14. es ist schade, it is a pity; anlegen (das Gewehr or mostly without object), take aim at; das Schrot, small shot.
15. verziehen (o, o) (das Gesicht), make a wry face.
16. verbeißen (i, i) (den Schmerz, pain), conceal one's pain, jemand zu Leibe rücken, attack.
19. sich vorstellen, fancy, imagine; kitzeln, tickle; pusten = blasen, blow; der Blitz, lightning; der Hagel, hail.
20. der Prahlhans, swaggerer; das Beil, hatchet.

b. *Grammatical* observations.
1. Why is in the 1st sentence the subjunctive used? The answer is to be found by a careful study of §. 30.
2. Explain also why in the 2nd sentence the subjunctive is employed.
3. Endlich kam der Jäger, die Doppelflinte auf dem Rücken und den Hirschfänger an der Seite, s. §. 28, 8.
4. der Jäger schoß **dem** Wolf das Schrot **ins Gesicht**. How do you express this in English? s. §. 27, 3.
5. er zog eine blanke Rippe aus **dem** Leibe. In German the definite article is used, where there is no doubt about the possessor. s. R. B. 17, gr. obs. 3.
6. Look for the adverbs used in this story.
7. Sprach der Fuchs zum Wolf. s. R. B. 3, gr. obs. 3, 4.

29. Der Löwe und der Fuchs.

1. Der Löwe war krank geworden. 2. Kraftlos lag er in seiner Höhle und konnte sich keine Nahrung suchen. 3. Da ließ er alle Tiere einladen, zu ihm zu kommen. 4. Von allen Seiten eilten sie herbei. 5. Aber keines von ihnen kam wieder aus der Höhle heraus. 6. Sobald sie hinein kamen, ergriff sie der Löwe und fraß sie. 7. Der Fuchs allein war klug und ging nicht in die Höhle. 8. Er blieb davor stehen. 9. Der Löwe rief ihm zu: „Komme doch herein". 10. Der Fuchs aber sagte: „Viele Spuren führen hinein, aber keine heraus".

a. *Words*.
4. eilen, hurry, die Eile.
6. ergreifen (i, i), seize.

b. *Grammatical* observations.
1. davor, s. §. 13, IIe, Note.
2. hinein, herein, heraus u. s. w. s. §. 23, 4.

30. Das zerbrochene Hufeisen.

1. Ein Bauer ging mit seinem kleinen Sohne Thomas über Feld. 2. „Sieh", sprach der Vater einmal unterwegs,

„da liegt ein Stück von einem Hufeisen auf der Strafse, heb es auf und steck es ein". 3. „Ei", sagte Thomas, „das ist nicht der Mühe wert, dafs man sich darum bückt!" 4. Der Vater hob das Hufeisen stillschweigend auf und schob es in die Tasche. 5. Im nächsten Dorfe verkaufte er es dem Schmied für 3 Pfennig und kaufte für das Geld Kirschen. 6. Beide gingen weiter. 7. Die Sonne schien sehr heifs; weit und breit war kein Haus, kein Baum und keine Quelle zu sehen. 8. Thomas verschmachtete fast vor Durst und konnte dem Vater fast nicht mehr nachkommen. 9. Da liefs der Vater wie von ungefähr eine Kirsche fallen, Thomas hob sie so begierig auf, als ob es Gold wäre, und steckte sie in den Mund. 10. Nach einigen Schritten liefs der Vater wieder eine Kirsche fallen, Thomas bückte sich ebenso schnell danach. 11. So liefs ihn der Vater alle Kirschen aufheben. 12. Als Thomas die letzte verzehrt hatte, wandte sich der Vater lachend um und sprach: „Wenn du dich einmal um das Hufeisen gebückt hättest, hättest du dich nicht so vielmal um die Kirschen bücken müssen".

  a. *Words.*
1. über Feld gehen, go a journey.
2. unterwegs, on the road; das Hufeisen, horse-shoe, der Hufschmied; aufheben (o, o), take up; einstecken, put in the pocket.
3. sich bücken, stoop; darum?
4. stillschweigend, silently; schieben (o, o), shove.
8. verschmachten, droop, faint.
9. wie von ungefähr, as if by chance; begierig, eager.

  b. *Grammatical* observations and exercises.
1. unterwegs, s. §. 23.
2. das ist nicht der Mühe wert, s. §. 26, 2e, N.
3. kein Haus war zu sehen, s. §. 32, 6b.
4. Thomas hob die Kirsche so begierig auf, als ob es Gold **wäre**. This subjunctive is to be explained as incomplete condition. Er hob sie so begierig auf, als er sie aufhöbe (aufgehoben hätte), wenn es Gold wäre.
5. du hättest dich bücken müssen. As the auxiliaries in English have no compound tenses, one forms the comp. tense of the principal verb and puts the auxiliary in the preterit.

        ich hätte gehen sollen.
        I ought to have gone.
        ich hätte finden können.
        I could have found.

See the participle past of the auxiliaries of mood in §. 19.
6. The story is to be learned by heart.

31. Alexander und Diogenes.

1. Als Alexander der Große einst nach Korinth kam, lebte dort ein merkwürdiger Mann namens Diogenes. 2. Der wollte zeigen, wie wenig der Mensch brauche, um glücklich zu sein. 3. Er wohnte in einem Fasse. 4. Alexander wollte ihn kennen lernen und suchte ihn auf. 5. Als er mit seinem Gefolge zu ihm kam, lag er gerade vor seiner Tonne und sonnte sich. 6. Alexander unterhielt sich lange mit ihm und fand seine Antworten klug und treffend. 7. Endlich sagte er zu ihm: „Kann ich dir eine Gunst erweisen?" 8. Diogenes antwortete: „Gehe mir ein wenig aus der Sonne". 9. Darüber lächelten die Begleiter Alexanders, der König aber sagte: „Wenn ich nicht Alexander wäre, so möchte ich wohl Diogenes sein".

a. *Words.*
 1. merkwürdig, remarkable, strange.
 2. brauchen, want; be in want of.
 3. das Faß, tub.
 4. kennen lernen, make the acquaintance.
 5. das Gefolge, attendance, retinue.
 6. sich unterhalten, converse; treffen (a, o), hit, treffend, striking, appropriate.
 7. die Gunst, favour.

b. *Grammatical* observations.
 1. Repeat the rules on the position of words. s. R. B. 3, gr. obs. 3.
 2. The conditional sentence in sentence 9 is explained in §. 30, B.
 3. The story must be learned by heart.

32. Das Hirtenbüblein. (The Shepherd-Boy.)

1. Es war einmal ein Hirtenbübchen, das war wegen seiner weisen Antworten, die es auf alle Fragen gab, weit und breit berühmt. 2. Der König hörte davon, glaubte es nicht und ließ das Bübchen kommen. 3. Da sprach er zu ihm: „Kannst du mir auf drei Fragen, die ich dir vorlegen will, Antwort geben, so will ich dich ansehen wie mein eigen Kind, und du sollst bei mir in meinem königlichen Schlofs wohnen. 4. Sprach das Büblein: „Wie lauten die drei Fragen?" 5. Der König sagte: „Die erste lautet: wieviel Tropfen Wasser sind in dem Weltmeer?" 6. Das Hirtenbüblein antwortete: „Herr König, lafst alle Flüsse auf der Erde verstopfen, damit kein Tröpflein mehr daraus ins Meer läuft, das ich nicht erst gezählt habe, so will ich euch sagen, wieviel Tropfen im Meere

sind". 7. Sprach der König: „Die andere Frage lautet: wieviel Sterne stehen am Himmel?" 8. Das Hirtenbübchen sagte: „Gebt mir einen grofsen Bogen weifs Papier, und dann machte es mit der Feder so viel feine Punkte darauf, dafs sie kaum zu sehen und fast gar nicht zu zählen waren, und einem die Augen vergingen, wenn man darauf blickte. 9. Darauf sprach es: „Soviel Sterne stehen am Himmel, als hier Punkte auf dem Papier, zählt sie nur". 10. Aber niemand war dazu imstande. 11. Sprach der König: „Die dritte Frage lautet: wieviel Sekunden hat die Ewigkeit?" 12. Da sagte das Hirtenbüblein: „In Hinterpommern liegt der Demantberg, der hat eine Stunde in die Höhe, eine Stunde in die Breite und eine Stunde in die Tiefe; dahin kommt alle hundert Jahr ein Vögelein und wetzt sein Schnäblein daran, und wenn der ganze Berg abgewetzt ist, dann ist die erste Sekunde der Ewigkeit vorbei". 13. Sprach der König: „Du hast die drei Fragen aufgelöst wie ein Weiser und sollst fortan bei mir in meinem königlichen Schlosse wohnen, und ich will dich ansehen wie mein eigenes Kind".

a. *Words.*
   3. anfehen als, regard as.
   4. die Frage lautet, the question runs, lauten, sound, läuten, ring the bell, es läutet, the bells are ringing.
   5. das Weltmeer, ocean, der Ozean.
   8. der Bogen, arch, bow; der Bogen Papier, sheet of paper; die Augen vergehen mir, my eyes fail me.
  10. ich bin imstande, I am able, (liter. I am in the state).
  12. der Demant = der Diamant, diamond.

b. *Grammatical* observations.
   1. gebt mir einen Bogen **weiß** Papier, s. §. 12, I, 5.
   2. ein Bogen Papier, s. §. 26, 3.
   3. zählt sie nur. Is this nur to be rendered by the English "only"?
   4. **es war einmal**, is the ordinary beginning of fairy tales and the like.
   5. Learn the questions and the answers.

33. Seltsamer Spazierritt.

1. Ein Mann reitet auf einem Esel nach Haus und läßt seinen Buben zu Fuß nebenher laufen. 2. Kommt ein Wanderer und sagt: „Das ist nicht recht, Vater, daß ihr reitet und laßt eueren Sohn laufen; ihr habt stärkere Glieder". 3. Da stieg der Vater vom Esel herab und ließ den Sohn reiten. 4. Kommt

wieder ein Wandersmann und sagt: „Das ist nicht recht, Bursche, daß du reitest und lässest deinen Vater zu Fuß gehen. Du hast jüngere Beine". 5. Da saßen beide auf und ritten eine Strecke. 6. Kommt ein dritter Wandersmann und sagt: „Was ist das für ein Unverstand, zwei Kerle auf einem schwachen Tiere! Sollte man nicht einen Stock nehmen und euch beide herabjagen?" 7. Da stiegen beide ab und gingen zu Fuß, rechts und links der Vater und der Sohn, und in der Mitte der Esel. 8. Kommt ein vierter Wandersmann und sagt: „Ihr seid drei kuriose Gesellen. Ist's nicht genug, wenn zwei zu Fuß gehen? Geht's nicht leichter, wenn einer von euch reitet?" 9. Da band der Vater dem Esel die Vorderbeine zusammen, und der Sohn band ihm die Hinterbeine zusammen, zogen einen starken Baumpfahl durch, der an der Straße stand, und trugen den Esel auf der Achsel heim. 10. So weit kann's kommen, wenn man es allen Leuten recht machen will.

a. *Words.*
2. das Glied, limb.
4. der Bursche, lad.
5. aufsitzen, get on horse-back; die Strecke, distance.
6. der Unverstand, imprudence; der Kerl, fellow, chap.
9. der Pfahl, pale, post; die Achsel = die Schulter, shoulder.

b. *Grammatical* observations and exercises.
1. Read the story without the quotations, using instead of the present the preterit and vice versa.
2. ich gehe zu Fuß; ich reise zu Pferd, zu Wagen, zu Schiff, **mit** der Eisenbahn.
3. See the Numerals in §. 14.

34. Die sieben Stäbe.

1. Ein Bauersmann hatte sieben Söhne, die öfter mit einander uneins waren. 2. Über dem Zanken und Streiten versäumten sie die Arbeit. 3. Ja, einige böse Menschen machten sich diese Uneinigkeit zu nutzen und suchten die Söhne um ihr väterliches Erbteil zu bringen. 4. Da ließ der Vater eines Tages alle sieben Söhne zusammenkommen, legte ihnen sieben Stäbe vor, die fest zusammengebunden waren, und sagte: „Dem, der diesen Bündel Stäbe zerbricht, zahle ich 100 Thaler". 5. Einer nach dem andern versuchte es, aber jeder sagte am Ende: Es ist gar nicht möglich. 6. „Und doch", sagte der Vater, „nichts ist leichter!" 7. Er löste den

Bündel auf und zerbrach einen Stab nach' dem andern mit geringer Mühe. 8. Ei! riefen die Söhne, so ist es freilich leicht, so könnte es ein kleiner Knabe! 9. Der Vater sprach: „Wie es mit diesen Stäben ist, so ist es mit euch; so lange ihr einig seid und fest zusammenhaltet, wird euch niemand überwältigen können. Seid ihr aber uneinig, so wird es euch gehen wie diesen Stäben, die hier zerbrochen auf dem Boden liegen".

- a. *Words.*
  1. uneins, at variance.
  2. zanken, quarrel, streiten (i, i), dispute; verſäumen, neglect.
  3. ſich zu nutzen machen, make use of.
  4. der Bündel, bunch; der Thaler, a coin of 3 marks.
  8. freilich, of course, naturally.
- b. *Grammatical observations.*
  1. böſe Menſchen ſuchten die Söhne um ihr Erbteil **zu** bringen, s. §. 32, 4 a.
  2. dem, der dieſen Bündel zerbricht. See the demonstr. and determin. pronouns §. 13, II, c, e and state what we can put instead of „dem, der".
  3. einer verſuchte es **nach dem andern**, ſie verſuchten es nach einander; der Vater zerbrach einen Stab nach dem andern, der Vater zerbrach die Stäbe nach einander.
  4. ſo **könnte** es ein kleiner Knabe. To explain this subjunctive add: wenn er es thun ſollte.
  5. Seid ihr aber uneinig = wenn ihr aber uneinig ſeib. s. §. 34, II, Note 2.

35. Die Hirtenflöte.

1. Ein König hatte einen Schatzmeiſter, der früher Hirten=knabe geweſen war. 2. Der Schatzmeiſter wurde bei dem Könige verklagt, daß er die königlichen Schätze veruntreue und die Gelder und Koſtbarkeiten in einem Gewölbe mit eiſerner Thüre aufbewahre. 3. Der König beſuchte den Schatzmeiſter, beſah deſſen Palaſt, kam an die eiſerne Thüre und befahl ſie zu öffnen. 4. Als der König nun hineintrat, war er nicht wenig erſtaunt. 5. Er ſah nichts als vier leere Wände, einen länd=lichen Tiſch und einen Strohſeſſel. 6. Auf dem Tiſche lag eine Hirtenflöte nebſt einem Hirtenſtabe und einer Hirtentaſche. 7. Durch das Fenſter ſah man auf grüne Wieſen und waldige Berge. 8. Der Schatzmeiſter aber ſprach: „In meiner Jugend hütete ich die Schafe. 9. Du, o König, zogeſt mich an deinen Hof. 10. Hier in dieſem Gewölbe brachte ich nun täglich eine

Stunde zu, erinnerte mich mit Freuden meines früheren Standes und wiederholte die Lieder, die ich ehemals bei meinen Schafen zum Lobe des Schöpfers gesungen hatte. 11. Ach, laß mich wieder zurückkehren auf meine väterlichen Fluren, wo ich glücklicher war als an deinem Hofe". 12. Der König ward über die Verleumder sehr unwillig, umarmte den edlen Mann und bat ihn, ferner in seinen Diensten zu bleiben.

a. *Words.*
1. der Schatz, treasure.
2. die Kostbarkeiten, valuables; das Gewölbe, vault, wölben, die Wölbung; veruntreuen, embezzle.
3. besehen (a, e), look at.
7. zubringen, s. §. 20.
  verleumden, calumniate.

b. *Grammatical* observations.
1. der Schatzmeister wurde verklagt. s. §. 18.
2. daß er veruntreue und — aufbewahre. Explain this subjunctive, s. §. 30.
3. ich erinnerte mich meines vorigen Standes. s. §. 26, 2, b, 2.
4. der König bat den Schatzmeister in seinen Diensten zu bleiben. §. 32, 4 b.
5. Repeat the position of words, s. R. B. 3, gr. obs. 3.

36. Die Bremer Stadtmusikanten. (The town-pipers of Bremen.)

1.

1. Es hatte ein Mann einen Esel, der ihm schon lange Jahre treu gedient hatte, dessen Kräfte aber nun zu Ende gingen, so dafs er zur Arbeit immer untauglicher ward. 2. Da wollte ihn der Herr aus dem Futter schaffen, aber der Esel merkte, dafs kein guter Wind wehte, lief fort und machte sich auf den Weg nach Bremen: „Dort", dachte er, „kannst du ja Stadtmusikant werden". 3. Als er ein Weilchen gegangen war, fand er einen Jagdhund auf dem Wege liegen, der jappte wie einer, der sich müde gelaufen hat. 4. „Nun, was jappst du so?" sprach der Esel. 5. „Ach", sagte der Hund, „weil ich alt bin und jeden Tag schwächer werde und auf der Jagd nicht mehr fort kann, hat mich mein Herr totschlagen wollen, da hab ich Reifsaus genommen; aber womit soll ich jetzt mein Brot verdienen?" 6. „Weifst du was?" sprach der Esel, „ich gehe nach Bremen, dort Stadtmusikant zu werden, geh mit

und laſs dich auch bei der Musik annehmen. 7. Der Hund wars zufrieden und sie gingen weiter.

- a. *Words.*
  1. die Kraft, strength; zu Ende gehen; untauglich, unfit.
  2. der Herr wollte ihn aus dem Futter schaffen, he would do him out of his food; sich auf den Weg machen, set out.
  3. jappen, gasp, ich laufe mich müde, s. §. 28, 3 b.
  5. fortkönnen, get on; Reißaus nehmen, make one's escape, ausreißen, run away, escape; sein Brot verdienen, earn one's livelihood.
  6. weißt du was? I'll tell you what; sich annehmen lassen, get one's self enlisted.
- b. *Grammatical* observations.
  1. See the relat. pronouns, §. 13 d.
  2. die **Bremer** Stadtmusikanten, s. §. 11, II.
  3. der Hund wars zufrieden, s. §. 28, 6.
  4. ich kann nicht mehr fort. s. R. B. 21, gr. obs. 2.
  5. Write this part of the story without using the book.

2.

1. Es dauerte nicht lange, so saſs da eine Katze am Weg und machte ein Gesicht wie drei Tage Regenwetter. 2. „Nun, was ist dir denn in die Quere gekommen?" fragte der Esel. 3. „Wer kann da lustig sein, wenns einem an den Kragen geht", antwortete die Katze; „weil ich nun zu Jahren komme, meine Zähne stumpf werden und ich lieber hinter dem Ofen sitze und spinne als nach den Mäusen herumjage, hat mich meine Frau ersäufen wollen; ich habe mich zwar noch fortgemacht, aber nun ist guter Rat teuer, wo soll ich hin?" 4. „Geh mit uns nach Bremen, du verstehst dich doch auf die Nachtmusik, da kannst du ja ein Stadtmusikant werden. 5. Die Katze wars zufrieden und ging mit.

- a. *Words.*
  1. dauern, last; das Gesicht, face.
  2. was fehlt dir? What is the matter with you?
  3. es geht mir an den Kragen. Kragen formerly meant neck (now it only means collar), and es geht mir an den Kragen is as much as to say: I shall be hanged, my life is in danger; spinnen, spin, pur; ersäufen — ertränken = drown.
  4. er versteht sich auf die Musik, he understands music.
- b. *Grammatical* observations.
  1. wenns einem an den Kragen geht, s. §. 14, 1a, 2.
  2. meine Frau hat mich ersäufen **wollen**, s. §. 19b.

3.

1. Darauf kamen die drei Landesflüchtigen an einem Hofe vorbei, da saſs auf dem Thore der Haushahn und schrie aus Leibeskräften. 2. „Du schreist einem durch Mark und Bein", sprach der Esel, „was hast du vor?" 3. „Ich hab gut Wetter prophezeit", sprach der Hahn, „aber weil morgen zum Sonntag Gäste kommen, so soll ich mir heute Abend den Kopf abschneiden lassen". 4. „Nun schrei ich aus vollem Hals, so lang ich noch kann". 5. „Ei was, du Rotkopf", sprach der Esel, „zieh lieber mit uns fort nach Bremen, etwas Besseres als den Tod findest du überall; du hast eine gute Stimme, und wenn wir zusammen musizieren, so muss es eine Art haben". 6. Der Hahn ließ sich den Vorschlag gefallen, und sie gingen alle vier zusammen fort.

a. *Words.*
1. landesflüchtig, fugitive; er schreit aus Leibeskräften, he screams with all his might and main.
2. literally: you scream through one's marrow and bone.
3. Sonntag, Montag, Dienstag, Mittwoch, Donnerstag, Freitag, Samstag (Sonnabend).
5. ziehen, zog, gezogen, draw, pull; march; es muß eine Art haben, it must be good.
6. der Vorschlag, proposal, vorschlagen; gefallen, please, ich lasse mir den Vorschlag gefallen, I accept the proposal.

b. *Grammatical* observations.
1. Repeat the rules on the positions of words. s. R. B. 3, gr. obs. 3.
2. es geht mir an den Kragen,
   du schreist einem durch Mark und Bein, } s. §. 27, 3.
3. prophezeien, s. §. 20.

4.

1. Sie konnten aber die Stadt Bremen in einem Tage nicht erreichen und kamen abends in einen Wald, wo sie übernachten wollten. 2. Der Esel und der Hund legten sich unter einen großen Baum, die Katze und der Hahn machten sich hinauf, der Hahn aber flog bis in die Spitze, wo es am sichersten für ihn war. 3. Ehe er einschlief, sah er sich noch einmal nach allen vier Winden um, da däuchte ihn, er sähe in der Ferne ein Fünkchen brennen und rief seinen Gesellen zu, es müsse nicht gar weit ein Haus sein, denn es scheine ein Licht. 4. Sprach der Esel: „So müssen wir uns aufmachen und noch

hingehen, denn hier ist die Herberge schlecht". 5. Und der Hund sagte: "Ja, ein paar Knochen und etwas Fleisch daran thäten mir auch gut". 6. Nun machten sie sich auf den Weg nach der Gegend, wo das Licht war, und sahen es bald heller schimmern, und es ward immer gröfser, bis sie vor ein hell erleuchtetes Räuberhaus kamen.

a. *Words.*
1. übernachten, stay the night.
3. einschlafen, fall asleep; es däucht mich = es dünkt mich, methinks; der Geselle, companion, die Gesellschaft.
4. die Herberge, lodging, public house where the travelling journeymen put up.
5. ein paar, a few.
6. schimmern, glimmer, der Schimmer; der Räuber, robber, rauben.

Grammatical observations.
1. Repeat the prepositions which govern the dative and accusative and look for examples in this part of the story.
2. Sprach der Esel. See the position of words R. B. 3, gr. obs. 3.
3. es müsse in der Ferne ein Haus sein, denn es scheine ein Licht. Why is the subjunctive employed here? s. §. 30. State what the cock has said in direct style.
4. ein paar Knochen und etwas Fleisch daran **thäten** mir auch gut, to see the reason of this subjunctive add: wenn ich sie **hätte**, s. R. B. 34, gr. obs. 4 and §. 30. The subjunctive is often found in sentences which are to be taken as the principal sentences to which a conditional clause is to be added.

5.

1. Der Esel, als der gröfste, machte sich ans Fenster und schaute hinein? "Was siehst du, Grauschimmel?" fragte der Hahn. 3. "Was ich sehe?" antwortete der Esel: "einen gedeckten Tisch mit schönem Essen und Trinken, und Räuber sitzen daran und lassen sichs wohl sein". 4. "Das wäre was für uns", sprach der Hahn. 5. "Ja, ja, ach wären wir da!" sagte der Esel. 6. Da ratschlagten die Tiere, wie sie es anfangen müfsten, um die Räuber hinaus zu bringen, endlich fanden sie ein Mittel. 7. Der Esel mufste sich mit den Vorderfüfsen auf das Fenster stellen, der Hund auf des Esels Rücken, die Katze auf den Hund klettern, und endlich flog der Hahn hinauf und setzte sich der Katze auf den Kopf. 8. Wie das geschehen war, fingen sie insgesamt auf ein Zeichen an, ihre Musik zu machen: der Esel schrie, der Hund bellte, die Katze miaute, und der Hahn krähte; dann stürzten sie durch das

Fenster in die Stube hinein, dafs die Scheiben klirrend niederfielen. 9. Die Räuber fuhren bei dem entsetzlichen Geschrei in die Höhe, meinten nicht anders, als ein Gespenst käme herein, und flohen in gröfster Furcht in den Wald hinaus. 10. Nun setzten sich die vier Gesellen an den Tisch, nahmen mit dem vorlieb, was übrig geblieben war, und afsen, als wenn sie vier Wochen hungern sollten.

a. *Words.*

  1. ſchauen, look.
  2. Grauſchimmel, grey horse.
  3. der Tiſch iſt gedeckt, the cloth is laid; ich laſſe mirs wohl ſein, I make merry.
  6. ratſchlagen, consult, s. §. 10, foot-note.
  8. das Zeichen, sign, zeich(e)nen, draw, die Zeichenſchule; zeigen, show; die Stimmen der Tiere: das Pferd wiehert; der Ochs (die Kuh) brüllt; das Kalb (das Schaf) blökt; die Ziege meckert; das Schwein grunzt; die Henne gackert; die Taube girrt; die Gans ſchnattert; der Froſch quakt; die Maus pfeift; die Grille (das Heimchen, cricket) zirpt; der Rabe krächzt; die Lerche trillert; der Kuckuck ruft; der Löwe brüllt; der Bär brummt; der Wolf heult; der Fuchs (der Schakal) bellt. — ſtürzen, rush, die Scheibe, pane.
  9. entſetzlich, terrible, das Entſetzen; meinen, think; das Geſpenſt, ghost, phantom; die Furcht, fright, ſich fürchten, fürchterlich.
 10. vorlieb nehmen, be content with; hungern = faſten.

b. *Grammatical* observations.

  1. daran — an demſelben, s. §. 13, II e, N.
  2. Ja, ja, ach wären wir da! s. §. 30, A 1.
  3. der Hahn ſetzte ſich der Katze auf den Kopf, s. §. 27, 3.

6.

1. Wie die vier Spielleute fertig waren, löschten sie das Licht aus und suchten sich eine Schlafstätte, jedes nach seiner Natur und Bequemlichkeit. 2. Der Esel legte sich auf den Mist, der Hund hinter die Thüre, die Katze auf den Herd in die warme Asche, und der Hahn setzte sich auf den Hahnenbalken: und weil sie müde waren von ihrem langen Weg, schliefen sie auch bald ein. 3. Als Mitternacht vorbei war und die Räuber von weitem sahen, dafs kein Licht mehr im Hause brannte, auch alles ruhig schien, sprach der Hauptmann: „Wir hätten uns doch nicht sollen ins Bockshorn jagen lassen", hiefs einen hingehen und das Haus untersuchen.

a. *Words.*
1. ich bin fertig, I have done.
   ich bin fertig mit Schreiben, I have done writing.
   auslöschen (weak) extinguish, erlöschen (o, o), be extinguished.
   fällen, fell,   fallen (ie, a), fall.
   senken, sink (tr.),   sinken (a, u), sink (intr.)
   die Bequemlichkeit, convenience.
2. der Mist, manure; der Herd, hearth; der Hahnenbalken, cockloft, roost; müde, tired; die Müdigkeit, ermüden.
3. der Hauptmann, head-man, chief, captain in the army; einen ins Bockshorn jagen, to chase one into the buck's horn bully. The origin of this expression is not yet made out.

b. *Grammatical* observations and exercise.
1. Repeat the prepositions which govern the dative and accusative and change the 2nd sentence answering the questions: Wo lag der Esel? wo lag der Hund? etc.
2. ich hätte gehen sollen, s. R. B. 30, gr. obs. 5.
3. Write 6, using the present instead of every preterit indicative.

7.

1. Der Abgeschickte fand alles still, ging in die Küche, wollte ein Licht anzünden und weil er die glühenden, feurigen Augen der Katze für lebendige Kohlen ansah, hielt er ein Schwefelhölzchen daran, dafs es Feuer fangen sollte. 2. Aber die Katze verstand keinen Spafs, sprang ihm ins Gesicht, spie und kratzte. 3. Da erschrak er gewaltig, lief und wollte zur Hinterthüre hinaus, aber der Hund, der da lag, bifs ihn ins Bein; und als er über den Hof an dem Miste vorbeirannte, gab ihm der Esel noch einen tüchtigen Schlag mit dem Hinterfufs; der Hahn aber, der vom Lärmen aus dem Schlafe geweckt und munter geworden war, rief vom Balken herab „kikeriki".

a. *Words.*
1. glühen, glow; lebendig, living, alive, s. §. 4, 3; das Schwefelhölzchen, match (der Schwefel, brimstone).
2. der Spaß, fun, joke; speien (ie, ie), spit; kratzen, scratch.

     Strong: Weak:
3. erschrecken (a, o), be frightened,   erschrecken, frighten.
   schwellen (o, o), swell (intr.),   schwellen, swell (tr.)
   trinken (a, u), drink,   ertränken, drown.

b. *Grammatical* observations.
1. die Katze sprang ihm ins Gesicht, s. §. 27, 3.
   Similar constructions are:
       Der Hund biß ihn ins Bein.
       Er hat sich (acc.) in den Finger geschnitten.
2. er wollte zur Hinterthüre hinaus, s. R. B. 21, gr. obs. 2.

8.

1. Da lief der Räuber, was er konnte, zu seinem Hauptmann zurück und sprach: „Ach, in dem Haus sitzt eine greuliche Hexe, die hat mich angehaucht und mit ihren langen Fingern mir das Gesicht zerkratzt, und vor der Thüre steht ein Mann mit einem Messer, der hat mich ins Bein gestochen, und auf dem Hofe liegt ein schwarzes Ungetüm, das hat mit einer Holzkeule auf mich losgeschlagen, und oben auf dem Dache, da sitzt der Richter, der rief: „Bringt mir den Schelm her!" Da machte ich, dafs ich fortkam". 2. Von nun an getrauten sich die Räuber nicht weiter in das Haus, den Bremer Stadtmusikanten gefiels aber so wohl darin, dafs sie nicht wieder heraus wollten. 3. Und der das zuletzt erzählt hat, dem ist der Mund noch warm.

a. *Words.*
1. greulich, horrid; Hexe, witch; anhauchen, breathe at; stechen (a, o), stab; das Ungetüm, monster; die Keule, club; der Richter, judge, richten; der Schelm, rogue.
2. sich getrauen, dare, venture.
3. erzählen, tell, die Erzählung, die Zahl, number, zählen, count.

b. *Grammatical* observations.
1. Look for the pronouns and conjunctions used in the whole story.
2. Write the single parts of the story without using the book.

37. Hans im Glück. (Hans in Luck.)

I.

1. Hans hatte sieben Jahre bei seinem Herrn gedient, da sprach er zu ihm: „Herr, meine Zeit ist herum, nun wollte ich gern wieder heim zu meiner Mutter, gebt mir meinen Lohn". 2. Der Herr antwortete: „Du hast mir treu und ehrlich gedient, wie der Dienst, so soll der Lohn sein", und gab ihm ein Stück Gold, das so groß als Hansens Kopf war. 3. Hans zog sein Tüchlein, wickelte den Klumpen hinein, setzte ihn auf die Schulter und machte sich auf den Weg nach Haus. 4. Wie er so dahin ging und immer ein Bein vor das andere setzte, kam ihm ein Reiter in die Augen, der frisch und fröhlich auf einem muntern Pferde vorbei trabte. 5. „Ach", sprach Hans ganz laut, „was ist das Reiten ein schönes Ding! Da sitzt einer wie auf einem Stuhl, stößt sich an keinen Stein, spart die Schuh und kommt fort, er weiß nicht wie". 6. Der

Reiter, der das gehört hatte, rief ihm zu: „Ei, Hans, warum läufst du auch zu Fuß?" 7. „Ach, da muß ich den Klumpen heimtragen, es ist zwar Gold, aber ich kann den Kopf dabei nicht gerad halten, auch drückt mirs auf die Schulter". 8. „Weißt du was", sagte der Reiter und hielt an, „wir wollen tauschen: ich gebe dir mein Pferd, und du gibst mir deinen Klumpen". 9. „Von Herzen gern", sprach Hans, „aber ich sage euch, ihr müßt euch damit schleppen". 10. Der Reiter stieg ab, nahm das Gold und half dem Hans hinauf, gab ihm die Zügel fest in die Hände und sprach: „Wenns nun recht geschwind gehen soll, so mußt du mit der Zunge schnalzen und hopp hopp rufen".

a. *Words.*
  3. das Tüchlein, here: pocket-handkerchief; einwickeln, wrap in; der Klumpen, lump.
  4. ein Reiter kam ihm in die Augen, he came in sight of a rider; frisch und fröhlich, brisking and frisking.
  7. zwar, indeed, often it is to be rendered by "although".
  8. tauschen, make an exchange.
  9. von Herzen gern, with all my heart; sich mit etwas schleppen, to be burdened, to be troubled with.
  10. der Zügel, rein; mit der Zunge schnalzen, smack with the tongue.

b. *Grammatical* observations.
  1. meine Zeit ist herum, s. §. 23 (the beginning).
  2. ich wollte. This is subj. and to be explained as incomplete condition. ich will heim, s. R. B. 21, gr. obs. 2.
  3. das Reiten, s. §. 32 (the beginning).
  4. da sitzt einer — da sitzt man.
  5. warum läufst du **auch** zu Fuß? Can this **auch** be expressed in English?
  6. ich kann **den** Kopf nicht gerad halten, s. R. B. 28, gr. obs. 5.

II.

1. Hans war seelenfroh, als er auf dem Pferd saß und so frank und frei dahin ritt. 2. Über ein Weilchen fiels ihm ein, es sollte noch schneller gehen, und er fing an mit der Zunge zu schnalzen und hopp hopp zu rufen. 3. Das Pferd setzte sich in starken Trab, und ehe sichs Hans versah, war er abgeworfen und lag in einem Graben, der die Äcker von der Landstraße trennte. 4. Das Pferd wäre auch durchgegangen, wenn es nicht ein Bauer aufgehalten hätte, der des Weges kam und eine Kuh vor sich trieb. 5. Hans suchte seine Glieder zusammen und machte sich wieder auf die Beine. 6. Er war

aber verdrießlich und sprach zu dem Bauer: „Es ist ein schlechter Spaß, das Reiten, zumal wenn man auf so eine Mähre gerät wie diese, die stößt und einen herabwirft, daß man den Hals brechen kann; ich setze mich nun und nimmermehr wieder auf. 7. Da lob ich mir eure Kuh, da kann einer mit Gemächlichkeit hinter hergehen und hat obendrein seine Milch, Butter und Käse jeden Tag gewiß". 8. „Was gäb ich drum, wenn ich so eine Kuh hätte!" 9. „Nun", sprach der Bauer, „geschieht euch so ein großer Gefallen, so will ich euch wohl die Kuh für das Pferd vertauschen". 10. Hans willigte mit tausend Freuden ein: der Bauer schwang sich aufs Pferd und ritt eilig davon.

a. *Words.*
1. seelenfroh, delighted (die Seele, soul), es fällt mir ein, it comes into my mind.
3. ehe sichs Hans versah, before he was aware of it; der Graben, ditch; der Acker, field; die Landstraße, high road; trennen, separate.
4. durchgehen, run away; das Gesetz geht durch, the bill passes.
6. verdrießlich, cross; zumal wenn, particularly as; die Mähre schlechtes Pferd; das Pferd stößt, the horse jolts; geraten (ie, a), fall upon; der Wein gerät dieses Jahr, it will be a good wine-year (geraten, thrive, succeed).
7. Gemächlichkeit, commodiousness; obendrein, into the bargain.

b. *Grammatical* observations.
1. Look for the conjunctions used in this part of the story, s. §. 34.
2. die stößt und **einen** herabwirft, s. §. 14, a.
3. geschieht euch ein so großer Gefallen, s. §. 34, Note 2.

III.

1. Hans trieb seine Kuh ruhig vor sich her und bedachte den glücklichen Handel. 2. „Hab ich nur ein Stück Brot, und daran wird mir's doch nicht fehlen, so kann ich, so oft mir's beliebt, Butter und Käse dazu essen; hab ich Durst, so melke ich meine Kuh und trinke Milch". 3. „Herz, was verlangst du mehr?" 4. Als er zu einem Wirtshaus kam, machte er Halt, aß in der großen Freude alles, was er bei sich hatte, sein Mittags- und Abendbrot rein auf, und ließ sich für seine letzten paar Heller ein halbes Glas Bier einschenken. 5. Dann trieb er seine Kuh weiter immer nach dem Dorfe seiner Mutter zu. 6. Die Hitze wurde aber drückender, je näher der Mittag kam, und Hans befand sich in einer Haide, die wohl noch eine Stunde dauerte. 7. Da ward es ihm ganz heiß, so daß ihm

vor Durst die Zunge am Gaumen klebte. 8. „Dem Ding ist abzuhelfen", dachte Hans, „jetzt will ich meine Kuh melken und mich an der Milch laben". 9. „Er band sie an einen dürren Baum und stellte seine Ledermütze unter, aber so sehr er sich auch abmühte, es kam kein Tropfen Milch zum Vorschein. 10. Weil er sich aber ungeschickt dabei anstellte, so gab ihm das ungeduldige Tier endlich mit einem der Hinterfüße einen solchen Schlag vor den Kopf, daß er zu Boden taumelte und eine zeitlang sich gar nicht besinnen konnte, wo er war. 11. Glücklicherweise kam gerade ein Metzger des Weges, der auf einem Schubkarren ein junges Schwein liegen hatte. 12. „Was sind das für Streiche!" rief er und half dem armen Hans auf. 13. Hans erzählte, was vorgefallen war. 14. Der Metzger reichte ihm die Flasche und sprach: „Da trinkt einmal und erholt euch! Die Kuh will wohl keine Milch geben? Das ist ein altes Tier, das höchstens noch zum Ziehen taugt oder zum Schlachten". 15. „Ei, ei", sprach Hans und strich sich die Haare über den Kopf, „wer hätte das gedacht? Es ist freilich gut, wenn man so ein Tier ins Haus abschlachten kann, was gibts für Fleisch! aber ich mache mir aus dem Kuhfleisch nicht viel, es ist mir nicht saftig genug. Ja, wer so ein junges Schwein hätte! das schmeckt anders, dabei noch die Würste". 16. „Hört Hans!" sprach da der Metzger, „euch zuliebe will ich tauschen, und will euch das Schwein für die Kuh lassen". 17. „Gott lohn euch eure Freundschaft", sprach Hans, übergab ihm die Kuh, und ließ sich das Schweinchen vom Karren los machen und den Strick, woran es gebunden war, in die Hand geben.

a. *Words.*
1. bedenken, meditate on.
2. es beliebt mir, it pleases me.
4. Halt machen, stop, put up; der Heller, ancient coin — ein Pfennig; einschenken, pour in.
6. die Haide, heath.
7. der Gaumen, palate; kleben, tr. glue, intr. cleave to, stick to.
9. ein dürrer Baum, a dead tree; die Ledermütze, leather cap; sich abmühen, endeavour; zum Vorschein kommen, appear.
10. sich anstellen, set about; ungeschickt, awkward; ungeduldig, impatient; taumeln, stumble, stagger.
11. der Metzger, butcher; der Schubkarren, wheel-barrow.
12. der Streich, trick.
14. sich erholen, recover; ziehen, zog, gezogen, draw; schlachten, kill, slaughter.

b. *Grammatical* observations.

1. es beliebt mir, it pleases me. See the impers. verbs in §. 22.
2. er trieb die Kuh vor sich her, s. §. 13 reflexive pron.
3. sich besinnen, s. §. 21.
4. er hatte ein Schwein auf einem Karren liegen, s. §. 32, 5.
5. die Kuh will **wohl** keine Milch geben. This **wohl** means: I dare say. Subjoined are a few German adverbs and the sense in which they are used.

1. erst.   Ich will **erst** arbeiten und dann spazieren gehen; first.
           Mein Freund ist **erst** gestern angekommen; only, not till.
           Er hat **erst** die Hälfte seiner Arbeit gethan; only, no more than.
2. schon.   Das Schiff ist schon abgegangen; already.
           Ich bedarf Ihrer Begleitung nicht, ich werde den Weg **schon** finden; I dare say, I hope.
3. auch.   Wir sind zu Fuß nach Haus gegangen, Sie **auch**? also, too.
           Auch der Klügste kann sich irren; even.
           Was er auch sagen mag, man glaubt ihm nicht; whatever.
4. doch.   Er hat sich sehr viel Mühe gegeben, **doch** hat er seinen Zweck nicht erreicht; yet.
           Sagen Sie mir doch gefälligst, wie viel Uhr es ist; pray.
           Sie sind **doch** nicht krank? I hope.
5. immer.   Er arbeitet **immer**; always.
           Spielt nur **immer**; if you like.

IV.

1. Hans zog weiter und überdachte, wie ihm doch alles nach Wunsch ginge; begegnete ihm ja eine Verdrießlichkeit, so wurde sie doch gleich wieder gut gemacht. 2. Es gesellte sich danach ein Bursch zu ihm, der trug eine schöne, weiße Gans unter dem Arm. 3. Sie boten einander die Zeit, und Hans fing an, ihm von seinem Glück zu erzählen, und wie er immer so vorteilhaft getauscht hätte. 4. Der Bursche sagte, daß er die Gans zu einem Kindtaufschmaus bringe. 5. „Hebt einmal", fuhr er fort, und packte sie bei den Flügeln, „wie sie schwer ist, sie ist aber auch acht Wochen lang genudelt worden. Wer in den Braten beißt, muß sich das Fett von beiden Seiten ab= wischen". 6. „Ja", sprach Hans, und wog sie mit der einen Hand, „die hat ihr Gewicht, aber mein Schwein ist auch keine Sau".

7. Indessen sah sich der Bursche nach allen Seiten bedenklich um, schüttelte auch mit dem Kopf. 8. „Hört", fing er darauf an, „mit eurem Schwein mag's nicht ganz richtig sein. In dem Dorfe, durch das ich gekommen bin, ist eben dem Schulzen eins aus dem Stall gestohlen worden. Ich fürchte, ich fürchte, ihr habt's da in der Hand; es wäre ein schlimmer Handel, wenn sie euch damit fingen. Das geringste ist, daß ihr ins finstere Loch gesteckt werdet". 9. Dem guten Hans ward bang. „Ach Gott", sprach er, „helft mir aus der Not! ihr wißt hier herum besseren Bescheid, nehmt mein Schwein da und laßt mir eure Gans". 10. „Ich muß schon etwas aufs Spiel setzen, antwortete der Bursche, aber ich will doch nicht Schuld sein, daß ihr ins Unglück geratet". 11. Er nahm also das Seil in die Hand und trieb das Schwein schnell auf einem Seitenweg fort; der gute Hans aber ging, seiner Sorgen entledigt, mit der Gans unter dem Arme seiner Heimat zu. 12. „Wenn ich's recht überlege", sprach er mit sich selbst, „habe ich noch Vorteil bei dem Tausch; erstlich den guten Braten, hernach die Menge von Fett, die herausträufeln wird, das gibt Gänsefettbrot auf ein Vierteljahr; und endlich die schönen, weißen Federn, die laß ich mir in mein Kopfkissen stopfen, und darauf will ich wohl ungewiegt einschlafen. Was wird meine Mutter für eine Freude haben!"

a. *Words.*
1. begegnete ihm ja eine Verdrießlichkeit, if any misfortune happened, it was soon rectified; gut machen, set to rights.
2. sich gesellen, join any one.
3. sie boten einander die Zeit, they bade one another good morning or good day.
4. die Kindtaufe, christening; der Schmaus, feast.
5. packen, seize; einpacken, pack up; eine Gans nudeln, cram a goose.
6. mein Schwein ist auch keine Sau, my pig is not to be despised either.
7. sich umsehen, look round; bedenklich, suspicious.
8. es ist nicht ganz richtig mit eurem Schwein, there is something wrong with your pig; der Schulze, mayor of a village; der Handel, affair, matter, commerce.
9. Bescheid wissen, be acquainted; es wird mir bang, I begin to be afraid of.
10. aufs Spiel setzen, put to stake.
11. die Sorge, care; entledigen, free.
12. träufeln, drip; das Kopfkissen, pillow; wiegen, rock.

b. *Grammatical* observations.

1. begegnete ihm eine Verdrießlichkeit, s. §. 34, Note 2.
2. Explain the subjunctive in the first sentence.
3. er trug eine Gans unter **dem** Arm, s. R. B. 28, gr. obs. 5.
4. **dem** Schulzen ist ein Schwein gestohlen worden, s. §. 27, 1 c.

V.

1. Als er durch das letzte Dorf gekommen war, stand da ein Scherenschleifer mit seinem Karren und sang zu seiner schnurrenden Arbeit:

„Ich schleife die Schere und drehe geschwind
und hänge mein Mäntelchen nach dem Wind".

2. Hans blieb stehen und sah ihm zu; endlich redete er ihn an und sprach: „Euch geht's wohl, weil ihr so lustig bei eurem Schleifen seid". 3. „Ja", antwortete der Scherenschleifer, „das Handwerk hat einen goldenen Boden. Ein rechter Schleifer ist ein Mann, der, so oft er in die Tasche greift, auch Geld darin findet. Aber wo habt ihr die schöne Gans gekauft?" 4. „Die hab ich nicht gekauft, sondern für mein Schwein eingetauscht." 5. „Und das Schwein?" „Das hab ich für eine Kuh gekriegt." „Und die Kuh?" „Die hab ich für ein Pferd bekommen." „Und das Pferd?" „Dafür habe ich einen Klumpen Gold so groß als mein Kopf gegeben." „Und das Gold?" „Ei, das war mein Lohn für sieben Jahre Dienst." 6. „Ihr habt euch jederzeit zu helfen gewußt", sprach der Schleifer, „könnt ihr's nun dahin bringen, daß ihr das Geld in der Tasche springen hört, wenn ihr aufsteht, so habt ihr euer Glück gemacht." 7. „Wie soll ich das anfangen?" sprach Hans. 8. „Ihr müßt ein Schleifer werden wie ich; dazu gehört eigentlich nichts als ein Wetzstein, das andere findet sich schon von selbst. Da hab ich einen, der ist ein wenig schadhaft, dafür sollt ihr mir aber auch weiter nichts als eure Gans geben; wollt ihr das?" 9. „Wie könnt ihr noch fragen?" antwortete Hans, „ich werde ja zum glücklichsten Menschen auf Erden; hab ich Geld, so oft ich in die Tasche greife, was brauche ich da zu sorgen?" und reichte ihm die Gans hin. 10. „Nun", sprach der Schleifer und hob einen gewöhnlichen schweren Feldstein, der neben ihm lag, auf, „da habt ihr noch einen tüchtigen Stein dazu, auf dem sich's gut schlagen läßt und ihr eure alten Nägel gerade klopfen könnt. Nehmt ihn und hebt ihn ordentlich auf."

a. *Words.*
1. der Scherenschleifer, die Schere, scissors; schleifen (i, i), grind; der Karren, barrow, here: grinding-stool; schnurren, rattle;
   I turn the wheel, and the scissors I grind;
   My mantle is waving to every wind.
3. das Handwerk? der Maurer, Zimmermann, Schreiner, Schlosser, Glaser, Schuhmacher, Schneider u. s. w. sind Handwerker.
4. eintauschen, barter.
5. kriegen — bekommen.
8. gehören, belong; eigentlich, properly; schabhaft, damaged; krankhaft, sickly; scherzhaft, funny what does haft mean?
10. ein tüchtiger Stein, a good-sized stone; ein tüchtiger Schmied, a thorough smith.

b. *Grammatical observations.*
1. Hans blieb stehen, s. §. 32, 5.
2. so oft er in **die** Tasche greift, s. R. B. 17, gr. obs. 3.
3. sieben Jahre Dienst, s. §. 26, 3.
4. Look for the pronouns used in V.
5. das **findet sich** von selbst, s. §. 31.

VI.

1. Hans lud den Stein auf und ging mit vergnügtem Herzen weiter; seine Augen leuchteten vor Freude. 2. „Ich muß in einer Glückshaut geboren sein!" rief er aus, „alles, was ich wünsche, trifft mir ein wie einem Sonntagskind." 3. Indessen, weil er seit Tagesanbruch auf den Beinen gewesen war, begann er müde zu werden; auch plagte ihn der Hunger, da er allen Vorrat auf einmal in der Freude über die erhaltene Kuh aufgezehrt hatte. 4. Er konnte endlich nur mit Mühe weiter gehen und mußte jeden Augenblick Halt machen, dabei drückten ihn die Steine ganz erbärmlich. 5. Da konnte er sich des Gedankens nicht erwehren, wie gut es wäre, wenn er sie gerade jetzt nicht zu tragen brauchte. 6. Wie eine Schnecke kam er zu einem Feldbrunnen geschlichen, da wollte er ruhen und sich mit einem frischen Trunk laben; damit er aber die Steine im Niedersetzen nicht beschädige, legte er sie bedächtig neben sich auf den Rand des Brunnens. 7. Darauf drehte er sich und wollte sich zum Trinken bücken; da versah er's, stieß ein klein wenig an, und beide Steine plumpten hinab. 8. Hans, als er sie mit seinen Augen in die Tiefe hatte versinken sehen, sprang vor Freuden auf, kniete dann nieder und dankte Gott mit Thränen in den Augen, daß er ihm diese Gnade erwiesen und ihn auf eine so gute Art von den Steinen befreit, das

sei das einzige, was ihm noch zu seinem Glücke gefehlt habe.
9. „So glücklich wie ich", rief er aus, „gibt es keinen Menschen unter der Sonne." 10. Mit leichtem Herzen und frei von aller Last sprang er nun, bis er daheim bei seiner Mutter war.

a. *Words.*
1. aufladen (u, a), load, take up.
2. die Glückshaut, lucky skin; eintreffen, arrive, come true.
3. der Tagesanbruch, day-break; plagen, plague, torment; der Vorrat, provision.
4. Halt machen, stop; erbärmlich, miserably.
5. er kann sich des Lachens nicht erwehren, he cannot forbear (help) laughing; sich einer Sache erwehren, keep off.
6. laben, refresh; beschädigen, damage; bedächtig, thoughtfully, carefully; der Rand, edge, brim, voll bis an den Rand, brimful.
7. sich bücken, stoop; er versah es, he was not careful.
8. niederknieen, kneel down; die Gnade, grace, favour.

b. *Grammatical* observations.
1. seine Augen leuchteten **vor** Freude; er weint **vor** Schmerz; er ist blind **vor** Zorn.
2. er kam geschlichen, s. §. 33, 5.
3. damit er die Steine nicht beschädige. Why is the subjunctive used here and why the subjunctive present? s. §. 30, D.
4. als er sie **hatte versinken sehen.** In *any subordinate sentence the finite verb is to be put at the end* (s. R. B. 3, gr. obs. 3), *but if instead of the participle past the infinitive is used, this stands always at the end.* s. §. 19 and §. 32, 2.
5. Write the single parts of this story without having learned them by heart.
6. Look for all the verbs used in the whole story.

38.

See §. 30, especially the remarks on the subjunctive of indirect statement, and change the subjoined direct style into the indirect.

1. Solon sagte: „Niemand ist vor seinem Tode glücklich zu preisen".
2. „Ein Kaiser", sagt Hadrian, „muss wie die Sonne alle Teile seines Reiches beleuchten."
3. Sokrates hörte einst mit der gröfsten Ruhe, dafs jemand schlecht von ihm gesprochen habe. „Mag er mich doch prügeln" (beat), sagte er, „wenn ich nicht dabei bin."
4. Von Perikles sagten die Athener: „Er trägt den Donner und Blitz auf seiner Zunge".
5. Sokrates lehrte: „Nichts bedürfen (want) ist göttlich, und am wenigsten bedürfen, der Gottheit am nächsten".

6. Alexander der Grofse sagte: „Unter den Mauern Athens werde ich den Athenern zeigen, dafs ich ein Mann bin".
7. Alexander fragte den Diogenes: „Kann ich dir eine Gunst (favour) erweisen?"
8. Friedrich der Grofse fragte den Soldaten: „Welche Stunde kann diese Uhr zeigen?"
9. Der Vater sagte zu Thomas: „Hebe das Hufeisen auf und stecke es ein".
10. Diogenes sagte zu Alexander: „Geh mir ein wenig aus der Sonne".
11. Friedrich der Grofse sagte zu seinen Gästen: „Lafst den Alten schlafen".
12. Der Vater sagte zu seinen Söhnen: „Zerbrechet diesen Bündel Stäbe!"
13. Hans sprach zu seinem Herrn: „Gebt mir meinen Lohn".
14. Der Reiter sagte zu Hans: „Wir wollen tauschen; ich gebe dir mein Pferd, und du gibst mir deinen Klumpen".
15. Change into the indirect statement what the robber relates in „Die Bremer Stadtmusikanten" 8, and the answers of the boy in „Das Hirtenbüblein".

39. Vom Büblein, das überall mitgenommen hat sein wollen. (The boy who wanted to be taken everywhere.)

Von Friedrich Rückert.

1.

1. Denk an, das Büblein ist einmal
spazieren gangen im Wiesenthal;
Da wurds müd gar sehr
und sagt: Ich kann nicht mehr;
5. Wenn nur was käme
und mich mitnähme!
Da ist das Bächlein geflossen kommen
und hats Büblein mitgenommen;
Das Büblein hat sich aufs Bächlein gesetzt
10. und hat gesagt: So gefällt mirs jetzt.

    1. Denk an, just think.
    2. gangen, instead of gegangen, §. 15, 1 d.
    5. was = etwas.

2.

1. Aber was meinst du? Das Bächlein war kalt,
das hat das Büblein gespürt gar bald;
Es hat gefroren gar sehr,
es sagt: Ich kann nicht mehr;
Wenn nur was käme
und mich mitnähme!
Da ist das Schifflein geschwommen kommen
und hat das Büblein mitgenommen:
Das Büblein hat sich aufs Schifflein gesetzt
und hat gesagt: Da gefällt mirs jetzt.

2. spüren, feel.

3.

1. Aber siehst du? Das Schifflein war schmal,
Das Büblein denkt: Da fall ich einmal!
Da fürcht es sich gar sehr
und sagt: Ich mag nicht mehr!
5. Wenn nur was käme
und mich mitnähme!
Da ist die Schnecke gekrochen kommen
und hats Büblein mitgenommen;
Das Büblein hat sich ins Schneckenhäuslein gesetzt
10. und hat gesagt: Da gefällt mirs jetzt.

4. ich mag nicht mehr, I do not like this any longer.

4.

1. Aber denk! Die Schnecke war kein Gaul,
sie war im Kriechen gar zu faul;
Dem Büblein gings langsam zu sehr,
es sagt: Ich mag nicht mehr!
Wenn nur was käme
und mich mitnähme!
Da ist der Reiter geritten kommen
und hats Büblein mitgenommen;
Das Büblein hat sich hinten aufs Pferd gesetzt
10. und hat gesagt: So gefällt mirs jetzt.

1. der Gaul, heavy-made horse, here only: horse.
2. kriechen (o, o), creep.
9. hinten aufs Pferd, behind (tho man).

5.

1. Aber gib acht! Das ging wie der Wind,
es ging dem Büblein gar zu geschwind,
Es hopst drauf hin und her
und schreit: Ich kann nicht mehr!
5. Wenn nur was käme
und mich mitnähme!
Da ist ein Baum ihm ins Haar gekommen
und hats Büblein mitgenommen;
Er hats gehängt an einen Ast gar hoch,
10. Dort hängt das Büblein und zappelt noch.
    Das Kind fragt:
Ist denn das Büblein gestorben?
    Antwort:
Nein! es zappelt ja noch,
15. Morgen gehn wir 'naus und thuns 'runter.

   3. hopsen, jolt.
  10. zappeln, wriggle, struggle.
  15. 'naus = hinaus, 'runter = herunter.

40. Der gute Kamerad.
Von Ludwig Uhland.

1. Ich hatt' einen Kameraden,
Einen bessern findst du nit,
Die Trommel schlug zum Streite,
Er ging an meiner Seite
In gleichem Schritt und Tritt.

2. Eine Kugel kam geflogen;
Gilt es mir oder gilt es dir?
Ihn hat es weggerissen,
Er liegt mir vor den Füfsen,
Als wärs ein Stück von mir.

3. Will mir die Hand noch reichen,
Derweil ich eben lad':
„Kann dir die Hand nicht geben;
Bleib du im ewgen Leben
Mein guter Kamerad!"

1. nit popular for nicht.
2. Gilt es mir oder gilt es Dir? Am I fated or you?
3. laden, load a gun.

An alphabetical list of the strong verbs.

Infinitive.	Present.	Preterit*).	Past part.
backen, bake	bäckſt, bäckt	buk (backte)	gebacken
befehlen, command	befiehlſt**), befiehlt	befahl (ö)	befohlen
(be)ginnen, begin	—	begann (ö)	begonnen
beißen, bite	—	biß	gebiſſen
bergen, conceal	birgſt, birgt	barg	geborgen
berſten, burst	birſt, birſt	barſt, borſt	geborſten
beſinnen (ſich), recollect one's self	—	beſann	beſonnen
beſitzen, possess	—	beſaß	beſeſſen
betrügen, deceive	—	betrog	betrogen
bewegen, induce (bewegen, move, is weak)	—	bewog	bewogen
biegen, bend	—	bog	gebogen
bieten, bid	—	bot	geboten
binden, bind	—	band	gebunden
bitten, beg	—	bat	gebeten
blaſen, blow	bläſt***), bläſt	blies	geblaſen
bleiben, remain	—	blieb	geblieben
braten, roast	brätſt, brät	briet	gebraten
brechen, break	brichſt, bricht	brach	gebrochen
bingen, hive	—	bang (bingte)	gebungen
dreſchen, thrash	driſcht†), driſcht	draſch, droſch	gedroſchen
bringen, urge	—	brang	gedrungen
empfangen, receive	empfängſt, empfängt	empfing	empfangen
empfehlen, recommend	empfiehlſt, empfiehlt	empfahl (ö)	empfohlen
empfinden, perceive	—	empfand	empfunden

*) Where there is a difference between the vowels of the preterit indicative and preterit subjunctive, the latter is added in brackets. S. §. 16, II b, N.
**) §. 16, III.
***) §. 16, 3.
†) §. 16, I a, 3.

Infinitive.	Present.	Preterit.	Past. part.
entrinnen, escape	—	entrann (ö)	entronnen
erbleichen, grow pale	—	erblich	erblichen
ergreifen, seize	—	ergriff	ergriffen
erküren, choose	—	erkor¹	erkoren
erlöschen, become extinct	erlischt, erlischt	erlosch	erloschen
erschallen, sound	—	erscholl	erschollen
erschrecken, be frightened (erschrecken, frighten, is weak)	erschrickst, erschrickt	erschrak	erschrocken
erwägen, consider	—	erwog	erwogen
essen, eat	issest, ißt, ißt	aß	gegessen
fahren, drive	fährst, fährt	fuhr	gefahren
fallen, fall	fällst, fällt	fiel	gefallen
fangen, catch	fängst, fängt	fing (fieng)	gefangen
fechten, fight	fichtst, ficht	focht	gefochten
finden, find	—	fand	gefunden
flechten, twist	flichtst, flicht	flocht	geflochten
fliegen, fly	—	flog	geflogen
fliehen, flee	—	floh	geflohen
fließen, flow	—	floß	geflossen
fressen, devour, eat	frissest, frißt, frißt	fraß	gefressen
frieren, freeze	—	fror	gefroren
gähren, ferment	—	gor	gegoren
gebären, bring forth	gebierst, gebiert	gebar	geboren
geben, give	gibst, gibt	gab	gegeben
gebieten, command	—	gebot	geboten
gedeihen, prosper	—	gedieh	gediehen
gehen, go	—	ging	gegangen
gelingen, succeed (impers.)	—	gelang	gelungen
gelten, be worth	giltst, gilt	galt (ö)	gegolten
genesen, recover	—	genas	genesen
genießen, enjoy	—	genoß	genossen
geschehen, happen*)	geschieht	geschah	geschehen
gewinnen, gain	—	gewann	gewonnen
gießen, pour	—	goß	gegossen
gleichen, be alike	—	glich	geglichen

*) Only used in the 3rd person sing. and plur.

Infinitive.	Present.	Preterit.	Past part.
gleiten, slide	—	glitt	geglitten
glimmen, shine faintly	—	glomm	geglommen
graben, dig	gräbst, gräbt	grub	gegraben
greifen, seize	—	griff	gegriffen
halten, hold	hältst, hält	hielt	gehalten
hangen, hang (int.)	hängst, hängt	hing*)	gehangen
hauen, hew	—	hieb**)	gehauen
heben, lift	—	hob (hub)	gehoben
heißen, be called and order	—	hieß	geheißen
helfen, help	hilfst, hilft	half (ü)	geholfen
klimmen, climb	—	klomm	geklommen
klingen, sound	—	klang	geklungen
kommen, come	—	kam	gekommen
kreischen, cry	—	krisch	gekrischen
kriechen, creep	—	kroch	gekrochen
laden, load	lädst (ladest), lädt (ladet)	lud	geladen
laufen, run	läufst, läuft	lief	gelaufen
leiden, suffer	—	litt	gelitten
leihen, lend	—	lieh	geliehen
lesen, read	liesest, liest, liest	las	gelesen
liegen, lie	—	lag	gelegen
lügen, lie	—	log	gelogen
meiben, avoid	—	mieb	gemieben
melken, milk	—	molk	gemolken
messen, measure	missest, mißt, mißt	maß	gemessen
nehmen, take	nimmst, nimmt	nahm	genommen
pfeifen, whistle	—	pfiff	gepfiffen
pflegen, be accustomed (pflegen, nurse, is weak)	—	pflog	gepflogen
preisen, extol	—	pries	gepriesen
quellen, spring forth	quillst, quillt	quoll	gequollen

*) „hing" is also used instead of the transitive „hängte", and the present plur. of the trans. is used instead of the intr.
**) The root of „hauen" contained a w which has become b.

Infinitive.	Present.	Preterit.	Past part.
raten, advise	rätſt, rät	riet	geraten
reiben, rub	—	rieb	gerieben
reißen, tear	—	riß	geriſſen
reiten, ride	—	ritt	geritten
riechen, smell	—	roch	gerochen
ringen, wrestle	—	rang	gerungen
rinnen, leak, run	—	rann	geronnen
rufen, call	—	rief	gerufen
ſaufen, drink (used of animals)	ſäufſt, ſäuft	ſoff	geſoffen
ſaugen, suck	—	ſog	geſogen
ſchaffen, create (ſchaffen, work, is weak)	—	ſchuf	geſchaffen
ſcheiden, separate	—	ſchied	geſchieden
ſcheinen, appear	—	ſchien	geſchienen
ſchelten, scold	ſchiltſt, ſchilt	ſchalt	geſcholten
ſcheren, shear	—	ſchor	geſchoren
ſchieben, shove	—	ſchob	geſchoben
ſchießen, shoot	—	ſchoß	geſchoſſen
ſchinden, flay	—	ſchund	geſchunden
ſchlafen, sleep	ſchläfſt, ſchläft	ſchlief	geſchlafen
ſchlagen, beat	ſchlägſt, ſchlägt	ſchlug	geſchlagen
ſchleichen, sneak	—	ſchlich	geſchlichen
ſchleifen, grind	—	ſchliff	geſchliffen
ſchließen, shut	—	ſchloß	geſchloſſen
ſchlingen, twine	—	ſchlang	geſchlungen
ſchmeißen, fling	—	ſchmiß	geſchmiſſen
ſchmelzen, melt	ſchmilzeſt, ſchmilzt, ſchmilzt	ſchmolz	geſchmolzen
ſchneiden, cut	—	ſchnitt	geſchnitten
ſchreiben, write	—	ſchrieb	geſchrieben
ſchreien, cry	—	ſchrie	geſchrieen
ſchreiten, stride	—	ſchritt	geſchritten
ſchweigen, be silent	—	ſchwieg	geſchwiegen
ſchwellen, swell	ſchwillſt, ſchwillt	ſchwoll	geſchwollen
ſchwimmen, swim	—	ſchwamm	geſchwommen
ſchwinden, vanish	—	ſchwand	geſchwunden
ſchwingen, swing	—	ſchwang	geſchwungen

Infinitive.	Present.	Preterit.	Past part.
schwören, swear	—	schwor, schwur	geschworen
sehen, see	siehst, sieht	sah	gesehen
sieden, boil	—	sott	gesotten
singen, sing	—	sang	gesungen
sinken, sink	—	sank	gesunken
sinnen, meditate	—	sann	gesonnen
sitzen, sit	—	saß	gesessen
speien, spit	—	spie	gespieen
spinnen, spin	—	spann	gesponnen
sprechen, speak	sprichst, spricht	sprach	gesprochen
sprießen, sprout	—	sproß	gesprossen
springen, spring	—	sprang	gesprungen
stechen, sting	—	stach	gestochen
stehen, stand	—	stand (ä, ü)	gestanden
stehlen, steal	—	stahl (ö)	gestohlen
steigen, mount	—	stieg	gestiegen
sterben, die	stirbst, stirbt	starb (ü)	gestorben
stieben, fly like dust	—	stob	gestoben
stinken, stink	—	stank	gestunken
stoßen, push	stößest, stößt, stößt	stieß	gestoßen
streichen, stroke	—	strich	gestrichen
streiten, contend	—	stritt	gestritten
thun, do	thue, thust, thut	that	gethan
tragen, carry, wear	trägst, trägt	trug	getragen
treffen, hit	triffst, trifft	traf	getroffen
treiben, drive	—	trieb	getrieben
treten, tread	trittst, tritt	trat	getreten
triefen, drop	—	troff	getroffen
trinken, drink	—	trank	getrunken
trügen, deceive	for the pret. and past part. s. betrügen.	—	—
verbieten, forbid	—	verbot	verboten
verderben*), be spoiled	verbirbst, verbirbt	verbarb (ü)	verdorben

*) The forms of the intr. are also used with trans. meaning instead of the transitive verderben, which is weak.

Infinitive.	Present.	Preterit.	Past part.
verbrießen, vex	—	verbroß	verbrossen
vergessen, forget	vergissest, vergißt, vergißt	vergaß	vergessen
vergleichen, compare	—	verglich	verglichen
verlieren, lose	—	verlor	verloren
wachsen, grow	wächst, wächst	wuchs	gewachsen
waschen, wash	wäschest, wäscht, wäscht	wusch	gewaschen
weben, weave	—	wob	gewoben
weichen, yield	—	wich	gewichen
weisen, show	—	wies	gewiesen
werben, enlist	wirbst, wirbt	warb (ü)	geworben
werfen, throw	wirfst, wirft	warf (ü)	geworfen
wiegen, weigh (intr.)	—	wog	gewogen
(wägen, weigh, tr., takes in the pret. and past part. the forms of the preceding.			
winden, wind	—	wand	gewunden
ziehen, draw	—	zog	gezogen
zwingen, compel	—	zwang	gezwungen

PUBLISHED BY J. F. BERGMANN IN WIESBADEN.

Technological Dictionary

Of the Terms employed in the Arts and Sciences; Architecture, Civil, Military and Naval; Civil Engineering, including Bridge Building, Road and Railway Making; Mechanics, Machine and Engine Making; Ship Building and Navigation; Metallurgy, Mining and Smelting; Artillery; Mathematics; Physics, Chemistry; Mineralogy, etc.

EDITED BY

E. Althans, L. Bach, F. C. Glaser, J. Hartmann, E. Heusinger von Waldegg, E. Hoyer, F. Kreusser, G. Leonhard, F. E. Mathiesen, O. Mothes, G. A. von Oppermann, C. Rumpf, F. Sandberger, B. Schoenfelder, A. Schück, G. Ph. Thaulow, W. Unverzagt, H. Wedding, and

PUBLISHED BY

ERICH SCHILLER,

WITH A PREFACE BY

KARL KARMARSCH.

Third Edition, completely Revised and Corrected.

Vol. I. English-German-French. pp. 761. Price 12s.
Vol. II. German-English-French. pp. 743. Price 12s.
Vol. III. French-German-English. pp. 611. Price 12s.

GERMANY: J. F. BERGMANN, PUBLISHER, WIESBADEN.
ENGLAND: TRÜBNER & Co., 57 AND 59, LUDGATE HILL, LONDON, E.C.
FRANCE: T. BAUDRY, 15, RUE DE STS. PÈRES, PARIS.
BELGIUM: C. MUQUARDT, BRUSSELS.
U.S.A.: B. WESTERMANN & Co., 524, BROADWAY, NEW YORK.

To the technical man to the manufacturer, and to the merchant, the work will become indispensable in his private study of foreign literature; in his correspondence on scientific or commercial subjects with foreign countries he will find it a safe and very great ... the names of the editor and contributors sufficiently guarantee its ... and accuracy, and will enable him to avoid the numerous errors into which he might fall — having been led astray by the different significations of the same words when used in their various technical applications.

PUBLISHED BY J. F. BERGMANN IN WIESBADEN.

Technological Dictionary

Of the Terms employed in the Arts and Sciences; Architecture, Civil, Military and Naval; Civil Engineering, including Bridge Building, Road and Railway Making; Mechanics, Machine and Engine Making; Ship Building and Navigation; Metallurgy, Mining and Smelting; Artillery; Mathematics; Physics, Chemistry; Mineralogy, etc.

EDITED BY

E. Althans, L. Bach, F. C. Glaser, J. Hartmann, E. Heusinger von Waldegg, E. Hoyer, F. Kreusser, G. Leonhard, F. E. Mathiesen, O. Mothes, G. A. von Oppermann, C. Rumpf, F. Sandberger, B. Schoenfelder, A. Schück, G. Ph. Thaulow, W. Unverzagt, H. Wedding, and

PUBLISHED BY

ERICH SCHILLER,

WITH A PREFACE BY

KARL KARMARSCH.

Third Edition, completely Revised and Corrected.

Vol. I.   English-German-French.   pp. 761.   Price 12*s*.
Vol. II. German-English-French.   pp. 743.   Price 12*s*.
Vol. III. French-German-English.   pp. 611.   Price 12*s*.

GERMANY: J. F. BERGMANN, PUBLISHER, WIESBADEN.
ENGLAND: TRÜBNER & Co., 57 AND 59, LUDGATE HILL, LONDON, E.C.
FRANCE: T. BAUDRY, 15, RUE DE STS. PÈRES, PARIS.
BELGIUM: C. MUQUARDT, BRUSSELS.
U.S.A.: B. WESTERMANN & Co., 524, BROADWAY, NEW YORK.

To the technical man, to the manufacturer, and to the merchant, the work will become indispensable in his private study of foreign literature; in his correspondence on scientific or commercial subjects with foreign countries he will find it a safe and sure guide, the names of the editor and contributors sufficiently guarantee its fidelity and accuracy, and will enable him to avoid the numerous errors into which he might fall—having been led astray by the different significations of the same words when used in their various technical applications.

Printed by L. Schellenberg'sche Hof-Buchdruckerei at Wiesbaden.

www.ingramcontent.com/pod-product-compliance
Lightning Source LLC
Chambersburg PA
CBHW030337170426
43202CB00010B/1151